京都の謎〈戦国編〉

高野 澄

祥伝社黄金文庫

（この作品『京都の謎〈戦国編〉』は、平成三年十月、
祥伝社黄金文庫から刊行されたものの新装版です）

まえがき

豊臣秀吉《とよとみひでよし》はイヤな感じの人間だが、「どうしても秀吉になってくれ」と頼まれたと仮定すると、断わりきれない予感がする。なぜなら、信長《のぶなが》とともに秀吉は京都を大改造した。こんなに魅力のある仕事もなかろう。

京都の前身の平安京は、要するにお役所にすぎなかった。朱雀通《すざくどおり》も五条《ごじょう》通もつまりは巨大なお役所の建物の廊下にすぎない。住む人の便利なんか、まるで考慮されていなかった。平安時代の大部分は巨大なお役所の建物が破壊され、貴族の邸宅や別荘地につくりかえられていく時間として過ぎていった。お役所が破壊される光景なんてめったにはお目にかかれないことだから、それはそれで面白かったろうが、メチャクチャ、バラバラの大都会を相手にしての大改造となると、数世紀に一度あるかないかのチャンスだ。

「お寺はすべて鴨川《かもがわ》の岸辺に移転せよ！」

いつもは威張っている坊さんたちが、ぶつぶつと不平を言いながら移っていく。正面きって不平を言える者は一人もいないのだから、やりたい放題だ。

「市内でいちばん高い山は、どこじゃ？」

「船岡山《ふなおかやま》が……」

「よろしい。その船岡山の上に信長さまの菩提寺《ぼだいじ》を建てるぞ！」

「おそれながら、信長さまの菩提寺は大徳寺《だいとくじ》のなかに、すでに……」

「かまわん。いちばん高い山の上に、高い寺を建てる。俺の好みじゃ！」

趣味に合わせて京都を改造する――こんな贅沢《ぜいたく》も秀吉ならではのことだ。

戦国時代というと破壊に次ぐ破壊の時代といった印象が強いけれども、破壊に終止符を打って建設の時代へと転換したのが、信長と秀吉だったということを確認しておきたい。

信長、秀吉そして家康《いえやす》が支配していたころに今の京都の原型ができあがった。

この時期の建造物の遺跡は意外に少ないと指摘されることがあるが、実は、この時期の京都の建造は、寺社や庭園よりも、市民生活のための環境づくりに重点があった。清水寺《きよみずでら》や寂光院《じゃっこういん》といったものに向けるのとは違う視線を持つ、それが戦国の京都をよく知るための最良の姿勢だ。

高野《たかの》　澄《きよし》

京都の謎【戦国編】目次

装丁　フロッグキングスタジオ
地図作製　Ｌｏｔｕｓ　林雅信
図版作成　Ｊ－ＡＲＴ

〈京都の謎・戦国編〉史蹟図

※丸数字は、掲載している章（例 ①＝1章）

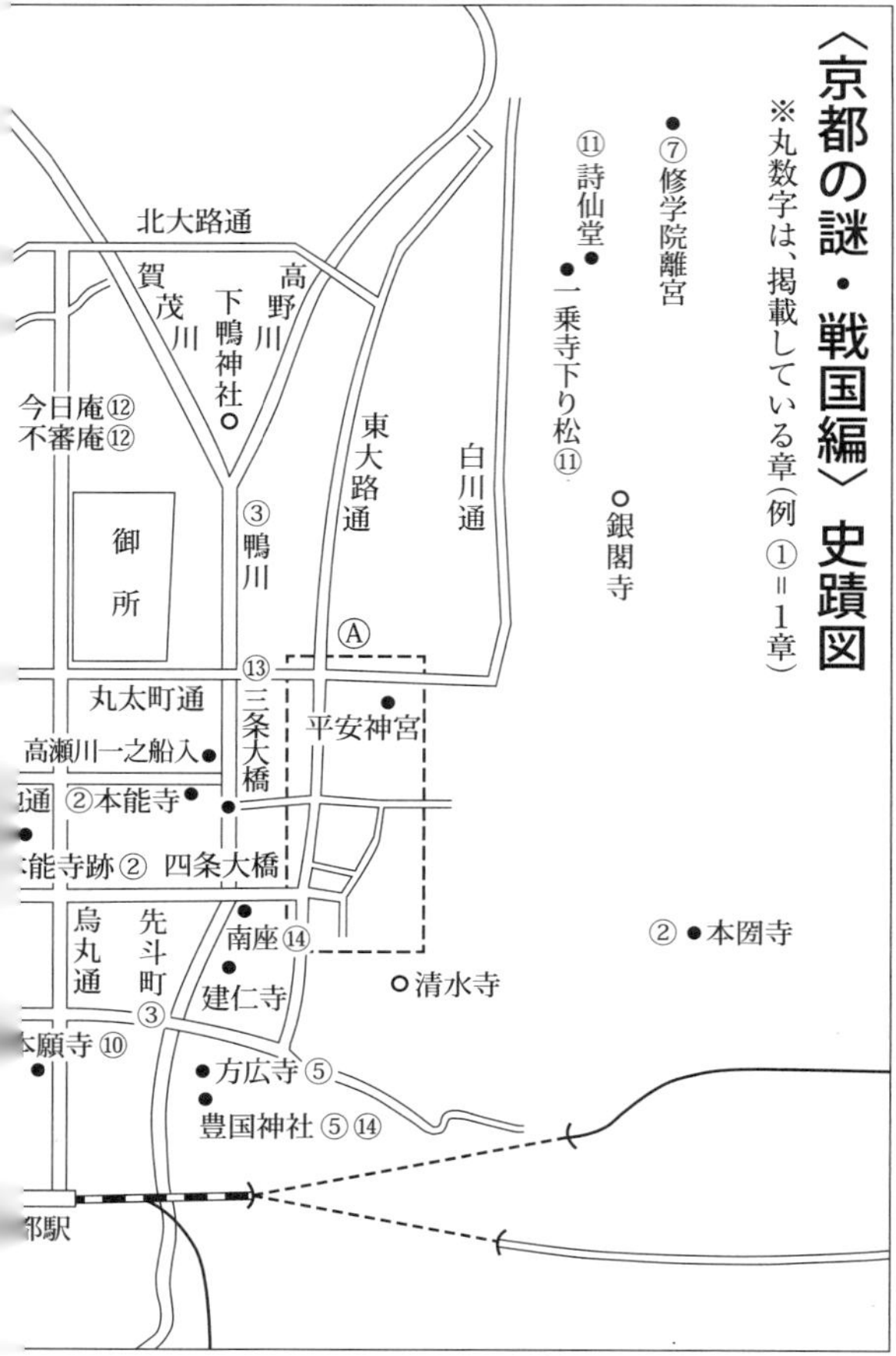

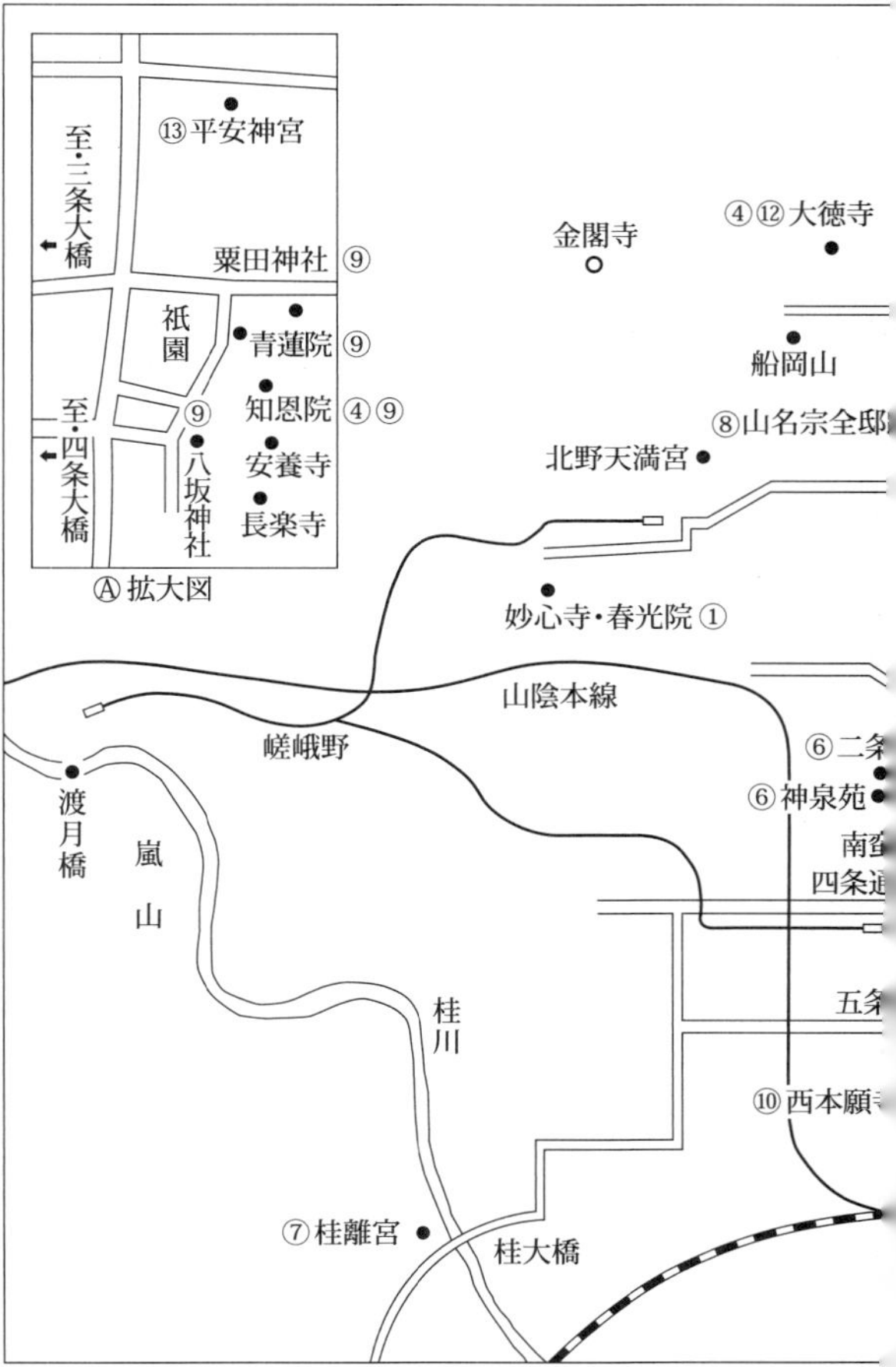
⑬平安神宮
至・三条大橋
粟田神社 ⑨
祇園
青蓮院 ⑨
知恩院 ④⑨
⑨
至・四条大橋
八坂神社
安養寺
長楽寺
Ⓐ拡大図
金閣寺
④⑫大徳寺
船岡山
⑧山名宗全邸
北野天満宮
妙心寺・春光院 ①
山陰本線
嵯峨野
渡月橋
嵐山
⑥神泉苑
四条
五
桂川
⑩西本願
⑦桂離宮
桂大橋

1章

なぜ禅寺《ぜんでら》の鐘に、アラビア数字が刻《きざ》まれたのか

――〝南蛮寺〟由来の梵鐘《ほんしょう》を寺宝とする妙心寺《みょうしんじ》・春光院《しゅんこういん》

【この章に登場する主な史跡】

禅寺《ぜんでら》に残されたアラビア数字の鐘

じつに変わった鐘がある。

高さは六〇センチぐらいの銅製の鐘で、下の口の部分が急に太くなっている。小槌《こづち》で叩くと、「ガーン」と「ギャーン」を足《た》して二で割ったような音がする。お寺の鐘の音は「グォーン」が基本だが、この変わった鐘は、音もまた変わっている。

いちばん変わっているのは、たぶん鋳造《ちゅうぞう》の年だと思われるが、「1577」という数字が鋳刻《ちゅうこく》してあることだ。

「一五七七年なら天正《てんしょう》五年……いいじゃないか、どこがおかしい？」

錯覚しないでください。

天正五年なら天正五年と書けばいい、わざわざ西暦に置きかえる必要はないはずだ。それに、数字は「1577」であって「一五七七」ではない。

アラビア数字で年号が書いてある鐘、といえば、たいていの人にはすぐ想像がつくだろう。そのとおり、どうやらキリスト教の教会で使われた鐘らしい。

よく見ると、ＩＨＳの三文字を組み合わせた紋章も鋳刻してある。これはポルトガル系キリスト教宣教師団、イエズス会のマークだ。

イエズス会のマークをつけた鐘はいま、妙心寺《みょうしんじ》の塔頭《たっちゅう》（本寺の境内にある小寺）の春光院《しゅんこういん》に保存されている。禅宗の寺院にキリスト教会の鐘という取り合わせは、いかにも波瀾万丈の戦国時代を物語っているようだ。

秀吉の「バテレン追放」策の原因

戦国時代の日本ではキリスト教が盛んに信仰されていた。キリスト教を日本に伝えたのはフランシスコ・ザビエルである――これくらいのことは誰でも知っている。

しかし、では、その当時のキリスト教の勢力はどれくらいだったのか、信仰の実際はどんなものだったのか、となると案外知らない人が多いだろう。

たとえば、キリスト教の日本布教で先頭をきったのはポルトガル系のイエズス会だ。ポルトガルのライバル、スペイン系の宣教師団ははるかに遅れてやってきて、その活動も微弱だった。

キリスト教会の鐘が保存されている妙心寺《みようしんじ》・春光院《しゆんこういん》

それはなぜか？

イエズス会がたまたま先頭をきったというわけではない。それにはそれなりの、はっきりした原因があった。その原因は日本にあったのではなく、ヨーロッパにあった。

ポルトガルとスペインはフェリーペ二世というおなじ国王をいただいていた。とても信じられない話だが、中世のヨーロッパではときどき起こったことだ。

しかし、ポルトガルとスペインは東洋貿易の利益をめぐって激しく争っていた。

ポルトガルの貿易船団は南アフリカ沿岸を南下し、インド洋からアジアに向かう。スペインの船団は大西洋を突っ切ってアメリカ大陸に行く。

そのころはまだ両国の対立は起こらなかったが、スペイン人がパナマ地峡を発見して太平洋に進出してくると衝突がはじまった。ポルトガルも東へ東へと進んできたからだ。丸い地球を西と東から進む以上、いずれは避けられない衝突だった。

一四九四年（明応三）、ローマ教皇の仲介でトルデシリャス条約が結ばれ、大西洋のカポ・ベルデ諸島の西三七十レグアの点を通過する線を境界とした。この線の東で発見されるものはすべてポルトガルの領有、西のものはスペインのものとする、という条約だ（一レグアは約五・六キロメートル）。

地球の裏側はどうするか――この線から百八十度まわったところに線を引けばいいわけだが、当時の測量技術はそんなに精密ではなかったし、最も貴重な品物を産出する香料諸島が位置するところなので、両国とも自分に都合のいいことだけを主張して譲らず、ようやく一五二九年（享禄二）にサラゴサ条約が結ばれた。香料諸島の東十七度を通る線が地球の裏側の境界線と決まったのである。香料諸島とは、ニューギニアの西のモルッカ諸島のことだ。

日本はどうなるか――香料諸島の位置が正確に測定されていなかったこともあってむずかしそうだが、ある人の計算によると、この線は東経百四十四度三十分に相当すると見ていい、ということだ。この線は北海道の釧路《くしろ》の東を通る。

メチャクチャな話だが、こういうことだ――もしポルトガルが日本を〝発見〟したら、列島の大部分をポルトガルの領地にしてよろしい、とローマ教皇が認めたのである。

香料諸島の位置測定が正確でなかったことは、日本の位置測定もまた同様に不正確だったのを意味する。

だからスペイン人は日本列島の大部分はサラゴサ条約線の東にあると主張して譲らず、ポルトガルよりはかなり遅れはしたものの、ついに日本にやってきて、ポルトガル人との間にトラブルを起こした。それが豊臣秀吉の「バテレン追放」につながる。

余談だが、日本にいるスペイン人とポルトガル人は一日ちがう暦を使っていた。日付変更線を通過してくるスペイン人の暦は、一日遅れになるからだ。

京都布教の許可を得たポルトガル人

さて日本は一五四一年（天文一〇）、予定どおり（?）ポルトガルによって〝発見〟された。

ポルトガルの首都リスボンのテージョ川の河口に、航海王子エンリケの記念モニュメントがある。モニュメントの敷地にはポルトガル名産の絵タイルで、ポルトガルが次々と東洋の諸国を〝発見〟していった成果を示す地図が描かれている。日本のところには「１５４１」と書いてある。もちろんアラビア数字で。

それから二年後、ポルトガル人が種子島《たねがしま》に漂着して鉄砲を伝えた。それから六年してフランシスコ・ザビエルが薩摩《さつま》に到着した。鉄砲とキリスト教――戦国時代の主役がこうして顔をそろえたのである。

では、なぜザビエルは日本布教を決意したのか?

ふつうは、こういう解釈になっている。

ザビエルはマレー半島のマラッカで、アンジロウという薩摩出身の日本人に出会った。アンジロウから日本のことを聞くうちに、日本人はイエス・キリストの教えをひろめる対象として理想的な存在にちがいないとの判断を下し、アンジロウを案内人として鹿児島にやってきた。

これに間違いがあるというのではない。しかしこの解釈を、ザビエルはアンジロウによってはじめて日本を知った、というふうに理解すると間違いになる。

日本はポルトガルの〝占領予定地〟であるが、のんびりしているとスペインに奪われてしまうぞ、チャンスがあったら逃してはならない――そういう認識や決意はポルトガル政府や教会関係者のあいだでは常識になっていたはずだ。

ザビエルはアンジロウとの出会いによってそのチャンスをつかんだわけだが、ザビエルでなくともチャンスをつかむ可能性はあったのだ。マラッカはもちろんのこと、他の東南アジア各地にはたくさんの日本人が住んでいたのだから。

ザビエルはトルレスを伴って薩摩に上陸したが、彼の究極の目標は京都で布教することだった。天皇に謁見《えっけん》し、布教の許可を得てサンタ・マリア教会を建て、近くに学院を建てて司祭を養成し、さらに関東にも布教の手を伸ばす、という目標だった。

ザビエルは天文《てんぶん》二十年（一五五一）一月に念願の京都入りを果たしたが、どうしても天皇謁見を実現できない。わずか十一日の滞在で京都を去って山口にもどり、態勢をたてなおしてふたたび日本布教に挑《いど》むため、インドのゴアにもどった。そして病気にかかり、死んでしまうのである。

トルレスはザビエルが去ったあとも山口に残って、執拗に京都布教のチャンスをつかもうとしていた。九州や山口、あるいは畿内《きない》からも入信する人が現われて、京都布教の可能性が生まれてきていた。豊後《ぶんご》には教会と病院が建てられ、九州地方の布教の本部になっていた。

永禄《えいろく》二年（一五五九）、ガスパル・ヴィレラが日本人宣教師のロレンソらをともなって京都に入った。ロレンソは琵琶《びわ》法師の出身だから、弁舌が達者だ。

宿屋も貸してもらえない苦労のすえ、とうとうヴィレラは将軍足利義輝《あしかがよしてる》から京都布教の許可を取ることに成功した。それは翌年一月のことだった。

キリスト教会だった南蛮寺跡

なぜ将軍足利義輝《あしかがよしてる》は布教を許したか

のちに聖人となるザビエルでさえ不可能だった京都布教の許可を、なぜヴィレラが獲得できたのか？

結論から先に言うと、ヴィレラの新しい方針と、戦国ゆえの京都の混乱とが結びついての成功だった。

ヴィレラは天皇ではなく、将軍から許可を取ろうとした。天皇謁見は実現が困難であることや、京都の実質的な支配者が天皇ではなくて将軍であることを理解したのだ。

ではヴィレラに、将軍ならば会見できるという見通しがあったのか？

この点になると推測するしかないのだが、彼は有力な紹介状を手に入れた。建《けん》仁寺《にんじ》の永源《えいげん》庵主から義輝に宛《あ》てた紹介状である。永源庵主をヴィレラに紹介したのは堺《さかい》のキリシタン医師のパウロだ。

「将軍は会ってくれるだろうか？」

「断言はできませんが、可能性は高いと思います。なにしろ、侘《わ》び住まいの毎日です、お淋しいにちがいない。異国の僧と聞けば、淋しさをなぐさめるためにも……」

永源庵主とヴィレラとの間に、そんな会話があったかもしれない。

将軍義輝が侘び住まいの毎日を送っていたとは、どういう意味なのか？

戦乱のために幕府のめぼしい建物は焼かれてしまい、将軍といえども決まった館《やかた》もなく、郊外の北白川《きたしらかわ》に逃れていた。それもまた定住というわけではなく、なにか事があるたびにあっちこっちへ転々としていた。

ヴィレラの訪問をうけたとき、義輝は妙覚寺《みようかくじ》にいた。妙覚寺は二条通衣棚《ころものたな》にあった日蓮宗の本山寺院である。

堂々とした造りの幕府の館《やかた》であったなら、たとえ紹介状があっても義輝との会見は実現しなかったかもしれない。警護の役人が大勢いるから、後日の責任追及をおそれて門前払いするおそれもある。

義輝が妙覚寺にいたから会見できたとはいえないにしても、もし京都が戦乱に巻き込まれず、堂々たる幕府の館に義輝が住んでいれば可能性はゼロに近かった。戦乱という歴史の偶然がヴィレラと義輝との会見を実現し、キリスト教の京都布教を可能にしたことになる。

なぜ信長はキリスト教を保護したのか

布教の許可を得たヴィレラは、永禄四年（一五六一）に四条坊門小路姥柳町《うばやなぎまち》（いまの蛸薬師《たこやくし》通室町西入ル《むろまちにしい》）に一軒の家をもとめ、京都で最初の会堂とした。

仏教側の迫害をはねのけて布教が進み、結城《ゆうき》一族や高山飛騨守図書《ひだのかみずしょ》と息子の右近《うこん》といった大名勢力が信徒になって、畿内のキリスト教は着実に拡大してきた。

ところが、永禄八年に将軍義輝が三好義継《みよしよしつぐ》や松永久秀《まつながひさひで》に殺されるという大事件が起こり、これをきっかけに京都はまた戦乱に巻き込まれた。

京都支配の実権をにぎった松永は日蓮宗の熱心な信徒で、キリスト教を迫害した。ヴィレラと、彼を応援するために入京したルイス・フロイスたちは信徒を残して堺に落ちのびざるをえなかった。

そして永禄十一年九月、織田信長《おだのぶなが》が将軍義昭《よしあき》を奉じて入京を果たした。

百パーセントとは言えないが、ともかくも信長は天下を手に入れたのだ。京都のキリスト教は、信長の保護のもとで急速に拡大する。南蛮寺《なんばんじ》、すなわち正式なキリスト教会が建ったのも、半分以上は、信長の援助によるといっていい。

では、なぜ信長はそんなに熱心にキリスト教を保護したのか？　じつは信長は密《ひそ》かにキリスト教を信仰していたんだ、というのが正解ならばコロンブスの卵みたいで面白いが、そううまくはいかない。

フロイスが最初に信長の謁見をうけようとして、実現寸前で駄目になったことがある。そのあとで信長は、側近の者にこう説明したそうだ。

「遠い外国からはるばる来た人を、どう扱えばいいかわからなかったし、自分ひとりで宣教師と会うと、信長はキリシタンになるつもりではないかと誤解されるおそれがあったから……」

キリスト教の信仰に関心を寄せているという噂が出たら迷惑に思う、それが信長の姿勢だった。信長はキリスト教の信仰や教義には興味はなかった。

それなら、なぜか？

信長は激烈なことが好きだった。そして彼はキリスト教そのものや宣教師の態度のなかに激烈なものを見た。だからキリスト教を保護して、激烈なものが引き起こす感動を味わおうとしたのである。

はじめてフロイスを謁見したとき、信長は自分が最も疑問とするところを尋ねた。

「もし日本にデウスの教えがひろまらないときには、お前たちはどうするのか。インドへ帰るのか？」

「信徒がたった一人になってしまっても、いずれかの司祭が日本に残って、生涯その信徒の世話をすることになります」

こんなに激烈な言葉は聞いたことがない！

信長はすっかり気に入ってしまったにちがいない。こんなに激烈な言葉を吐いて平然としている宣教師のグループは、ほかに比較しようもない貴重きわまる宝物ではないか。

それなら、天下を手に入れた自分の保護のもとにおいておかねばならない。禁止するとか京都から追放するなど、とんでもない！

今なお謎に包まれた南蛮寺の鐘

南蛮寺というのは通称で、正式には「サンタ・マリア御昇天《ごしょうてん》の教会」という。蛸薬師通室町の会堂が朽《く》ちかけていたのを壊して、新しく立派な教会がつくられた。

狩野宗秀《かのうむねひで》が描いた南蛮寺の扇面画が神戸《こうべ》の神戸市立博物館に保存されている。三階建の教会は天守閣を思わせるスタイルである。黒い衣裳をつけた宣教師が歩いている。門前には南蛮寺見物にやってくる者を相手に南蛮帽子を売る店があったのがわかって、面白い。

ところで、京都の町にはおよそふさわしくないキリスト教会の建築に反対運動はなかったのか？

反対はあった。ばらばらに「反対！」を言うだけではなく、町年寄と仏教僧とが提携して組織的な反対運動を展開したのもわかっている。

だが、反対運動は失敗した。なぜ失敗したのだろうか？

フロイスの大著『日本史』によると、所司代《しょしだい》の村井貞勝《むらいさだかつ》に提出された建設中止請願には、三カ条の反対理由が示されていた。

①信長が京都に建てた建物より、キリシタン教会がはるかに立派であるのは納得できない。
②僧の住む僧院が礼拝堂の上につくられるのは日本の習慣に反する。
③教会が高いので周囲の家の娘や女房たちが見下ろされる。

③については同情できるが、①と②とはじつに愚劣だ。こんなことを言っていたから失敗したのだ。とくに①がまずい。

なぜかというと、こんなことが信長の耳に入れば、「ほう、さようか。それならますますキリシタンに力を貸してやろう」と、ヤブヘビのような結果になるに決まっている。

信長が京都に建物を建てたというのは、足利義昭に二条御所をつくってやったことや皇居を修理したことを指している。

反対者たちは、「あなたさまがお建てになった建築よりキリシタンの教会のほうが立派ですぞ。あなたさまの権威に傷がつきました、処罰なさるべきです」と、信長に追従《ついしょう》し、自尊心をくすぐる戦術に出た。

これは信長がいちばん嫌いなことなのに、反対者たちは見損《みそこな》った。

「なにッ、義昭か。あんな者に御所をつくってやったのは余計なことであった。小屋で充分だったのに！」

これが信長なのだ。

皇居修理のための資材のほかは一切、京都に搬入してはならん、と信長は命じていたが、キリスト教会のための資材は別であるとして搬入を許可した。その結果、計画以上に立派なキリスト教会が出現したわけだ。

南蛮寺の献堂式は天正四年（一五七六）七月二十一日に行なわれた。この日は陽暦の八月十五日でフランシスコ・ザビエルが鹿児島に上陸した日、そしてサンタ・マリア昇天の日でもある。

妙心寺の春光院にある鐘には「１５７７」と鋳刻してあるのだから、南蛮寺の鐘ではないのかもしれない。献堂式に鐘の鋳造が間に合わなかったとは考えにくい。

春光院に伝えられるところでは、この鐘はポルトガルで鋳造されたという。とすれば献堂式には日本鋳造の鐘を使い、しばらくして本国からこの鐘が送られてきたと考えることもできる。

それにしても、この鐘が春光院へ渡ってきた経路についてはいろいろと推測されるものがあり、謎は尽きないという感じだ。

寺伝によると、この鐘は幕末の安政《あんせい》元年（一八五四）に、「朝鮮から伝わったもの」との説明づきで仁和寺《にんなじ》から移ってきたという。

秀吉のキリシタン禁止が厳しくなったとき、密かにこの鐘を隠した信徒があったはずだ。そしてその人は信頼できる友に鐘を託し、「役人に見つけられたら、『朝鮮から伝わったものです』と説明するように」と言って亡くなったのだろう。

妙心寺の塔頭《たっちゅう》には一般に公開している寺と、公開していない寺とがある。春光院は公開されていない寺だから、ぶらりと訪ねていっても南蛮寺の鐘を拝見できない。前もってお願いしておけば拝見できるかもしれない。

2章

なぜ信長は、本能寺を定宿《じょうやど》としたのか

——天下人《てんかびと》が明智光秀《あけちみつひで》にたやすく殺された理由

【この章に登場する主な史跡】

石碑が建つ場所ではなかった本能寺

お寺は広い。

頑丈な塀で囲まれているし、塀の外側には深い堀をめぐらせている寺もあるから防衛のうえでも安心できる。

信長にかぎらず、戦国時代に京都へやってくる大名のほとんどが寺院を宿舎とした。軍団の駐屯《ちゆうとん》可能な施設が寺のほかにはなかったのだ。

天正十年（一五八二）六月一日の夜、織田信長は京都の本能寺に宿泊した。そこを明智光秀《あけちみつひで》の軍隊が襲い、信長は殺されてしまった。

なぜ信長は本能寺に宿泊したのか――そこがお寺だったからといえば一応の解答になるわけだが、「なぜ山に登るのか」と問われて「そこに山があるから」と答えるのとおなじで、あまりにも素っ気ない。

本能寺はどういう歴史を持ち、どんな環境であったのか、そんな問題を考えてみよう。

いまの本能寺は中京区《なかぎようく》の寺町通御池下《てらまちどおりおいけさが》ルにあり、総門《そうもん》は寺町通に西面していている。東の河原町《かわらまち》通に面して通用門があり、「織田信長公墓所」の石碑が建っている。

明智光秀が、「敵は本能寺にあり！」と叫んでこの本能寺を攻めたのだと思えばゴクリと生唾《なまつば》もわいてくるというものだが、そうではない。

本能寺の変のときの本能寺は、ここにはなかった。

本能寺は日蓮宗《にちれん》（法華宗）の本山寺院である。開基は日隆《にちりゅう》上人で、応永《おうえい》二十二年（一四一五）に油《あぶら》小路高辻《たかつじ》と五条坊門とのあいだに本応寺《ほんのうじ》を建てたのが前身だ。

本応寺が兄弟弟子の月明《げつみよう》との争いのために破壊されたので、日隆は比叡山《ひえいざん》でさらに修行をかさねたあと、豪商小袖屋宗句《こそでやそうく》の援助で大内裏《だいり》の跡地の内野《うちの》に本応寺を再建した。それからしばらくして、如意王丸《にょいおうまる》という信者から広大な敷地を寄進されたので、内野から伽藍《がらん》を移し、本能寺とあらためた。永享《えいきょう》五年（一四三三）のことだ。

信長の天下をうけついだ秀吉が本能寺再建に手をつけたが、秀吉は東京極《ひがしきょうごく》大路の鞍馬口《くらまぐち》通から五条通まで、市内の寺院を強制的に移住させて寺町通とする京都市街大改革工事に手をつけた。

現在の本能寺《ほんのうじ》に建てられた〈信長公御廟所〉の石碑

完成目前の本能寺も破壊され、寺町通と三条通とが交差する地点の東北に移転させられた。これが現在の本能寺で、境内に信長の廟《びょう》がある。

堀川通と蛸薬師《たこやくし》通の交差点を東にまがってすすんで南のあたりが旧本能寺の跡地だ。

商業地として江戸時代を経過、明治になって本能寺の旧地に番組小学校の下京第二番校が建てられ、やがて本能小学校と改称されたが、その本能小学校も生徒が減少したため、近くの高倉小学校に吸収され、廃止された本能小学校の跡地には近接の堀川高校や福祉事業の施設がたてられた。

信長戦死の地をしのばせるのは「本能寺跡」の石碑だけだ。

近くには「蟷螂山町《とうろうやま》」がある。祇園祭の山鉾《やまぼこ》巡行の日に「蟷螂山」という山《やま》（山車《だし》）を出す町だ。

そのことが本能寺の性格と深い関係を持っている。つまり本能寺は、この時代の京都の商人階層の信仰を集めて基盤をかためていったということだ。

日蓮宗寺院〝本能寺〟の実力

本能寺だけではない。

京都に初めて建った日蓮宗の寺は日像《にちぞう》創建の妙顕寺《みようけんじ》で、以後続々と本山寺院が建立され、二十一カ寺もの本山寺院が建てられた。

その二十一カ寺の本山の配置を見ると、大きな発見がある。というのは、二十一カ寺の本山寺院のすべてが上京《かみぎよう》と下京《しもぎよう》、つまり洛中《らくちゆう》に集中しているのである。

それまでの京都の寺院は、東寺《とうじ》と西寺《さいじ》、相国寺《しようこくじ》などを別にすれば、人里を遠く離れた深山幽谷《しんざんゆうこく》に建てられていた。平安の新仏教の寺院でも、比叡山延暦寺《ひえいざんえんりやくじ》や高野山金剛峯寺《こうやさんこんごうぶじ》、あるいは高雄の神護寺《じんごじ》のように険しく深い山に建てられた。僧の修行が第一で、民衆を相手にするつもりがなかったからだ。

日蓮宗はそうではない。民衆を相手にするから、民衆が生活する市内に本山を建てた。それ以前の仏教が金銭や商業を排斥《はいせき》したのに対し、現世の利益を追求することを積極的に肯定した。「いかにして浄土往生するか」ではなくて、「いかにして強く正しく生きるか」をテーマにした。

応仁《おうにん》の乱（一四六七〜一四七七）の戦火で京都はすっかり焼け野原になり、戦後の復興の先頭に立ったのは貴族ではなくて新興の商人だった。町衆といわれる人々である。その町衆の信仰は天台宗や真言宗ではなくて、新鮮な雰囲気にあふれている日蓮宗だった。

日蓮宗信徒の町衆は京都の行政から裁判権まで一手に掌握《しょうあく》した。これを「法《ほっ》華一揆《けいっき》」と言っている。ふつう「一揆」というと権力を持っていない者たちの、権力に対するゲリラ的な攻撃をいうが、法華一揆は信徒町衆による京都の自主運営をいう。

すると、どうなるか？

われこそ京都の保護者である、主人であると思っている勢力は黙ってはいられない。つまり比叡山延暦寺を先頭にする既成仏教だ。

天文《てんぶん》五年（一五三六）七月、近江守護《おうみしゅご》の六角定頼《ろっかくさだより》の応援を得て、延暦寺の僧兵が京都のすべての日蓮宗寺院に攻撃をかけた。本阿弥《ほんあみ》・後藤・茶屋といった有力町衆も参加して日蓮宗は反撃したが、合戦となると延暦寺のほうが豊富な経験を持っている。日蓮宗は大敗北を喫し、近くは畿内《きない》、遠くは九州や東北北陸に逃げのびていった。「天文法華の乱」という。

本能寺も約二万の兵を動員して反撃したが、負けた。伽藍《がらん》は焼かれ、堺の顕本寺《けんぽんじ》に逃れた。

負けたけれども、約二万の兵を動員した事実は記憶しておきたい。戦争や軍隊といったものへの知識や体験がゼロではないということだ。

種子島《たねがしま》銃のルートを握っていた！

さて、日隆の弟子の日典《にってん》と日良《にちりょう》は九州の種子島・屋久《やく》島・沖永良部《おきのえらぶ》島に布教の線をひろげ、本能寺門流の有力な基盤としていた。

領主の種子島氏も熱心な法華の信者になり、種子島氏の建てた本源寺《ほんげんじ》を中心にして島民のほとんどが信者になっていた。十五世紀なかごろのことである。

種子島は遠い。その遠い種子島に、なぜ本能寺は布教の線を伸ばしたのか？

人間が住んでいれば、どんな遠いところでも厭《いと》わずに布教に行く、それが日蓮宗の新興宗教たる所以《ゆえん》ではあるが、厳密に言うと、これらの島々が大陸や東南アジアとの貿易ルートだったことと関係している。

日蓮宗は金銭や商業を嫌悪《けんお》しなかった。それならばまた貿易を嫌悪することもない。貿易ルートに布教の線を伸ばすことは、日蓮宗勢力の拡大のうえで確実な効果が見込まれたわけだ。

本能寺は天文十一年に許されて堺から京都にもどるが、その翌年の天文十二年（一五四三）の種子島で日本の歴史を一変する事件が起こった。天文十二年の八月二十五日といえば、歴史好きな人ならすぐ、「ああ、それは……」と気づくはずだ。

種子島の西之村に中国の大型ジャンク船が漂着し、乗客のポルトガル人の持っていた鉄砲が種子島時堯《ときたか》に贈られた。

時堯は島の鍛冶《かじ》工に鉄砲製造の技術を覚えさせようとしたが、ポルトガル人が詳しい技術を知らなかったので成功しない。翌年にもポルトガル人がやってきて、この人が製造法を知っていたので種子島に鉄砲製造の技術が根づいた。種子島銃の誕生である。

種子島の次に、刀剣製造の歴史を持つ堺が鉄砲を大量につくりはじめた。

種子島から堺に鉄砲製造の技術を伝えたのが誰であったか？

種子島―堺―京都のルートのすべてを握る勢力は本能寺しかなかったことを考

えれば、本能寺が重要な関係を持っているのは疑問の余地がないだろう。

本能寺にはたくさんの鉄砲が備えられていたはずだ。大量の鉄砲を手に入れようとする大名は、まず本能寺に話を持ちかけるという状態になったらしい。

天文十八年（一五四九）に管領《かんれい》の細川晴元《はるもと》が本能寺と種子島氏に宛てて「鉄砲を贈っていただき、ありがとう」といった意味の謝礼の書簡を送っていた事実がわかっている。

細川勝元に贈呈といえば、五挺《ちょう》や十挺の鉄砲ではあるまい。伝来してからわずか六年のうちに本能寺は、かなり多数の鉄砲を調達できる態勢になっていた。

復活した本能寺は、ほかの日蓮宗の本山寺院のすべてを圧倒する壮麗豪華な伽《が》藍《らん》を建てていた。本能寺の次に豪華だったのは本圀寺《ほんこくじ》だが、その本圀寺についてイエズス会宣教師のガスパル・ヴィレラは境内《けいだい》の広さと厳粛な雰囲気に感嘆し、「寺の四囲には深く広い堀をめぐらし、外から中に通じる道は一本しかない」と書いている。

本能寺も本圀寺も城郭であり、かつ寺院だったというべきなのだ。

なぜ信長は、法華寺院を定宿としたのか

天文十七年十二月、当時の京都を制圧していた三好長慶《みよしながよし》が本能寺に禁制をくだした。「軍勢を駐屯させてはならない」「山林を伐採させてはならない」「軍費や兵糧を提供してはならない」の三カ条で、いかに本能寺が重要視されていたかがわかる。

本来は小規模な勢力でも、いったん本能寺に駐屯したら強力無比の軍団に変身する可能性があったのだ。

信長が足利義昭《あしかがよしあき》を奉じて入京したのは永禄十一年（一五六八）九月である。まず本圀寺を足利義昭の宿舎とし、自分は東寺に本陣を置いた。堀川通六条の本圀寺は東寺に近いから、義昭の動静を監視するのに都合がいい。

翌年の正月、信長が岐阜にもどっていた留守に三好三人衆が本圀寺を攻撃した。信長がすぐに駆けつけたので大事には至らなかったが、本圀寺は防衛に難点のあることがわかり、義昭のために二条御所をつくった。烏丸《からすま》通と丸太町《まるたまち》通が交差する西北の区域、いまは平安女学院のあるところだ。

本能寺址。この辺りで〝本能寺の変〟が起きた

そうしておいてから信長は本能寺を「定宿」に指定したのである。元亀《げんき》元年（一五七〇）のことだ。信長の定宿に指定されたということは、信長以外の者を泊めてはならない、泊まってはならないということだ。現代人が「東京では××ホテルを定宿にしているよ」というのとは、意味がちがうのである。

くどくなるが、ここで整理しておこう——なぜ信長は天正十年六月一日の夜、本能寺に泊まっていたのか？

（1）元亀元年からは本能寺が定宿になっていたからである。まあ、蓋《ふた》をあけてみれば「なーんだ、そんなことかア」となる、コロンブスの卵みたいな話ではある。

（2）では、なぜ本能寺が定宿になったか——当時の京都の法華寺院のなかで最も巨大、かつ強固な防衛力を持つ寺であり、義昭の二条御所に近い寺であったからだ。

この二カ条の答えでいいわけだが、どうも不満が残る感じだ。それは何かと言うと、「なぜ日蓮宗の寺院なのか？」という謎が新しく浮かんでくるような気がしてならないのである。

そこで、これを第三の謎として挑戦してみよう――信長が本能寺を定宿に指定した背景には、市内最大であるとか防衛力に富んでいるといった理由のほかに、日蓮宗の寺であることが決定的な理由として存在しているらしい。

それは、なんであったか？

信長は日蓮宗を屈伏させようとしていた。本能寺を定宿に指定して、ドッカと居座った信長は無言のうちに宣告していたのである。

「これくらいで済むと思うなよ。法華の強信《ごうしん》だとか言って誇っているその鼻を、いずれはへし折ってやるからな！」

当時の日蓮宗は「折伏《しやくぶく》」と「不受不施《ふじゆふせ》」という基本の立場を堅く守っていた。日蓮宗の信者には、法華経を唯一最高の経典として信じない者を説得して信者にする任務があるとするのが「折伏」で、法華経を信じない者には供養《くよう》も布施《ふせ》もしてはならないとするのが「不受不施」である。町衆のあいだに法華の信仰が普及した背景には、この強さがあった。

折伏と不受不施の立場にたつ町衆の法華信徒が京都を自治的に運営している、裁判権さえ行使している。一度は延暦寺との合戦に負けて追われたが、復帰してからは前にもまして強力な自治権をふるっている。

いまや天下の覇者《はしゃ》になりかかっている信長には、町衆の自治なんていうことは断じて許せない！

日蓮宗としても信長の計画はよくわかっていたから、他宗の信徒に対する折伏を控え目にし、トラブルを避けようとしていた。

それで、実際にはどうなったか？

信長のほうが上手《うわて》だった。

自縄自縛《じじょうじばく》となった信長の〝日蓮宗潰《つぶ》し〟

天正七年（一五七九）、信長の本拠の安土《あづち》で浄土宗の僧が法談をしていたところへ日蓮宗の信徒が宗論をふっかけ、騒ぎになった。すかさず信長は京都の日蓮宗に命令をくだして、責任者を安土に呼びよせた。

日珖《にっこう》・日諦《にったい》・日淵《にちえん》といった日蓮宗を代表する学僧が安土に行くと、ただちに浄土宗と宗論をするように命じられた。

会場は三千人の兵士でかためられ、宗論の判定者の鉄叟《てっそう》という南禅寺《なんぜんじ》の僧は八

本圀寺《ほんこくじ》は城郭の機能を持った寺院だった

十四歳の高齢、耳が遠いというおまけがついている。宗論の勝負ははじめから決まっていた。

信長は日珖に二者択一の態度決定を迫った。京都をふくめた信長の領国すべての日蓮宗信徒全員の死刑か、詫《わ》び証文への署名の二つにひとつを採らねばならない。詫び証文の内容は「宗論の敗北を認める。他宗に宗論をふきかけぬことを誓う。日蓮宗が存続できることについて信長への感謝を表明する」の三点となっていた。

信長はすでに比叡山延暦寺を攻めて堂塔《どうとう》伽藍《がらん》を焼きはらい、何万という死者の山を築いていた。日蓮宗信徒全員の死刑という案が、単なる脅《おど》しでないのははっきりしている。日珖としては詫び証文に署名するしかなかった。日蓮宗本山寺院のすべてが証文に署名して信長に屈伏した。

そのあとからも安土から使者が来て、黄金二千六百枚の献上を命じた。敗戦の賠償である。二千六百枚の黄金は、最終的には町衆の負担になる。

宗教の面でも自治の面でも、京都はこの時点で完全に信長に屈伏したわけだ。

だから、こういうことになる——天正十年六月一日の本能寺は、信長が定宿に指定したころの戦闘能力を失って、裸同然になっていた。信長がたいした抵抗もできぬまま明智光秀に殺されてしまった原因のひとつが、ここにある。

本能寺をそのようにしたのはほかならぬ信長自身なのだ。皮肉なことではあった。

3章

なぜ「先斗町《ぽんとちょう》」と呼ばれるのか

——異国風の町名には、どんな歴史があったのか

【この章に登場する主な史跡】

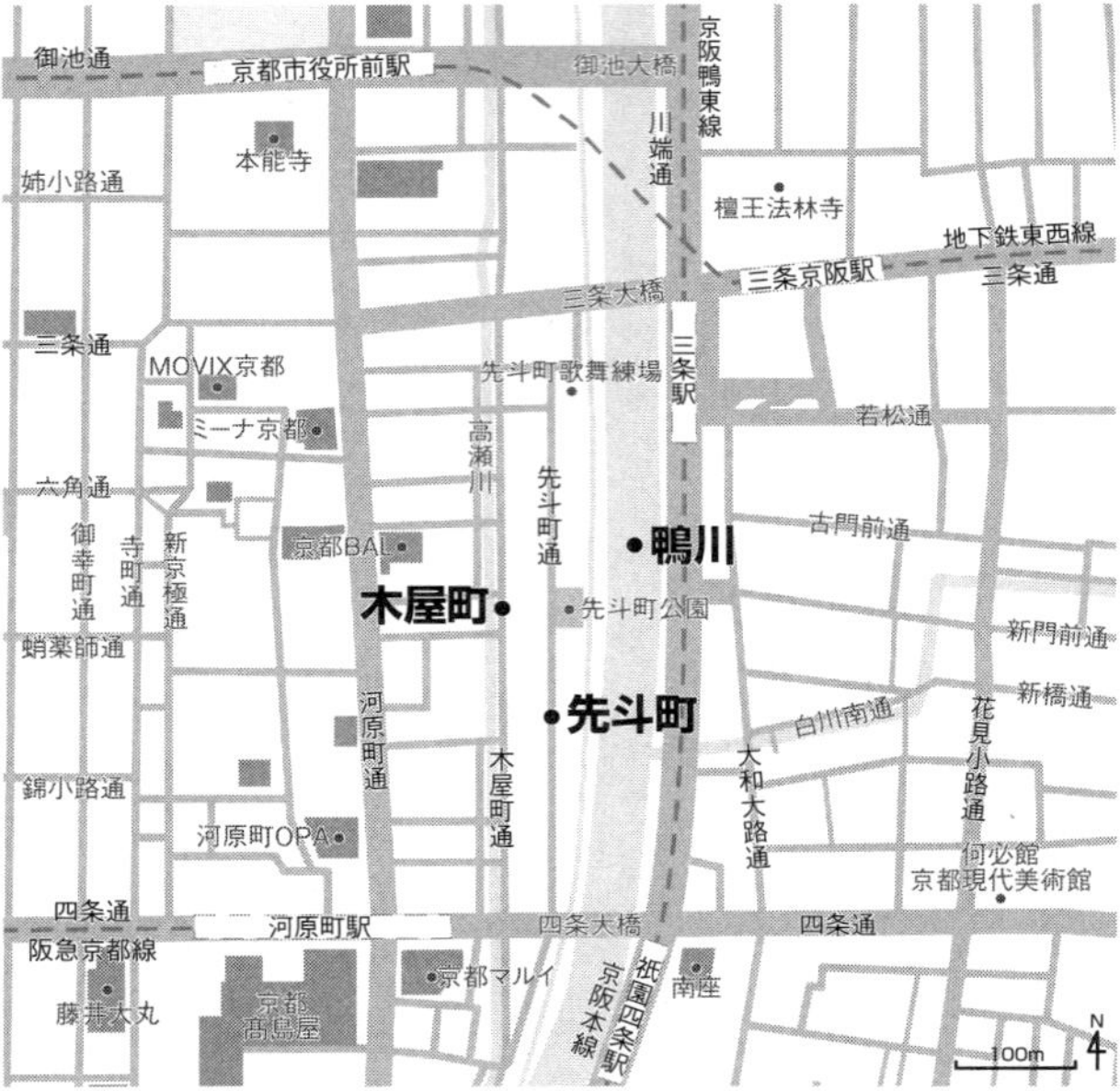

〈ポルトガル語〉というのは本当か

ポントチョウ——京の雅《みやび》には不似合いのような、それなのに、いかにも「ああ、京都だな」と感じさせる響き——先斗町。

先斗町という不思議な名前の来歴をさぐるまえに、これが高瀬川《たかせがわ》や木屋町《きやまち》と兄弟関係にあることを強調しておきたい。

高瀬川が兄で、先斗町は弟、そして兄弟の母は鴨《かも》川だ。高瀬川の弟であることが先斗町という名前の由来に関係しているのかもしれない、そんな予測も湧いてくる。

さて、木屋町通を歩いていると、東に抜ける狭い小路《こうじ》が何本もある。

ここは抜けられるかな、と思って入って行くと行き止まりでうろたえたり、真っ暗で行き止まりに見える小路がじつは抜けられたりする意外さが面白い。

あのネオンの店から三軒目を入る、と記憶していても、栄枯盛衰の激しい風俗営業の世界とあって、目印の店がいつのまにか姿を消していることも多いので、京都人でもうろうろする。

先斗町に建っている歌舞練場

とにかく、それを抜けたところが先斗町。

先斗町の特徴は、とにかく狭い、というところにある。三人並んで通るのはちょっと無理で、かつヤボというもの。静かに、静かに、一人あるいは二人でそーっと通るのが先斗町というものでしょう。

この狭い繁華街ができたのは寛文《かんぶん》十年（一六七〇）のことで、それ以来、「知る人は知る」といった程度の名声はつづいていたのだが、「知らない人」までもが「ポント町」という不思議な名前を知るようになったのは、一九六四年（昭三十九）にヒットした「お座敷小唄」だった。東京オリンピックがあり、「俺についてこい！」が流行語になった年だ。

作詞者不詳というこの「お座敷小唄」は、

〽富士の高嶺《たかね》に　降る雪も
京都先斗町に　降る雪も
雪に変わりは　ないじゃなし
とけて流れりゃ　みな同じ

とやって、富士山と先斗町とを同列に並べてしまった。

「雪に変わりは　ないじゃなし」は文法的におかしいんじゃないかという議論が

盛んに行なわれ、それと同時に「ポント町」という異国風の町名についての全国民的啓蒙《けいもう》運動(?)が行なわれたが、こういうものの伝承はうまくいかないようで、四条通の交番の横の先斗町の説明板に見入りながら、

「フーン、ポントってポルトガル語だったんだア」

「あたしもね、なんか、外国語じゃないのかなって思っていたんだけど……」

若い人たちの発見の会話を耳にすることがある。

ポルトガル語に、「先端、突端」を意味する「ポンタ」という単語がある。英語のポイント、フランス語のポワンだが、このポルトガル語の「ポンタ」がなまって「ポント」になったというのが通説になっている。

つまり先斗町は「先の尖《とが》った町」だからポント町と呼ばれたわけだ。

では、先斗町のどこが、どういうふうに尖っていたのか?

鴨川の洪水から高瀬川を守った堤防

弟の名前を考えるには、まず兄のほうから片づけていく必要がある。

慶長《けいちょう》十六年(一六一一)に高瀬川が開通した。

ここで考えなくてはならないのが、高瀬川が鴨川の河原に掘られた運河であることだ。いまでこそ木屋町通や先斗町があるからいいものの、当時は、洪水の心配があった。

鴨川の氾濫それ自体は仕方がないとしても、鴨川からあふれた水が高瀬川に流れ込んで水位を上げる、それが困る。水位が高くなると、高瀬川の運河としての機能は停止してしまう。すでに高瀬川は京都の生命線になっていたから、運河機能の停止は京都の経済活動のストップにつながる。

頑丈な堤防をつくって鴨川の洪水から高瀬川を守る工事がはじまり、寛文十年に完成した。

秀吉のつくったお土居《どい》は、このころはもうほとんど切り崩《くず》されている。お土居の位置より少し東にできた堤防は、京都の町を少し東に広げる役目も果たした。

お土居が人馬の交通を拒否したのとは反対に、新しい堤防ははじめから人や馬が通るのを歓迎した。基礎さえしっかりしていれば、人や馬が通るのは堤防を堅く締めるのに効果がある。

新しい南北の通りとしては河原町通《かわらまち》があるわけだが、堤防ができてからというもの、京都の人は河原町通よりは堤防の上を行くほうが気に入ったはずだと想像される。祇園《ぎおん》や清水《きよみず》により近いし、鴨川の流れに沿って歩くのは気分がいい。

「ポンタ町」が「ポント町」になったのか

高瀬川は二条からはじまる。

だから堤防は、二条の少し上流のあたりから、鴨川の河原にせりだすかたちになっていたはずだ。つまり、鴨川の河原の西側を北から歩いてくると、二条のあたりで堤防の北端にぶつかる位置関係になる。

これを上から見れば、川に突き出した岬、つまり「先の尖った地形――ポンタ」として意識されるのは自然なことだ。

しかし、である。

これで謎は解けたのかというと、どうやらそんなに甘いものではなさそうだ。

先斗町は二条からはじまってはいない。

三条の一筋南から四条までと、南北の端を限定されてつくられたのが先斗町だ。勢いにまかせ、ダラダラとつくられていったのを後になって南北の端を整理したというものではない。そのことははっきりしている。

先斗町という名が「先端——ポンタ」に由来しているとしても、その「ポンタ」は二条のあたりの地形とは関係がないようだというしかない。

それなら、というわけで別の想像をしてみる。

堤防そのものは鴨川の流れに沿ってほぼ直線につくられたが、堤防の基礎として半円形の中洲がつくられていたのではなかろうか？

三条のあたりでグイッと川の中に突き出ていたとすれば、これは「ポンタ」として意識される。「ポンタ」の上にできたから「ポント町」といわれるようになったと考えれば筋は通る。

筋は通るのだが、それならそれで新たな疑問が起きる。「ポンタ町」でも「ポント町」でも、なぜそのまま字に書かなかったのかという疑問だ。

カステラ、カッパ、コンペイトウ——ポルトガルから伝わった言葉は、意味を訳さずに発音そのままをカタカナかカナで表記するのが普通だった。「ポンタ——先端——先斗」の訳は間違っていないが、訳が間違っていないからといって、なぜ、わざわざ意訳したのかという疑問は消えない。そのうえ、「ポンタ」には「岬、洲崎」の意味があるわけだから、意訳するとすれば「岬町」とでもするほうが率直というものだ。

博打《ばくち》でも使われていた「先斗」

江戸時代初期の町名案内には「ほんと丁《ちょう》」という表記のあったことがわかっている。これはもちろん「ポントチョウ」と読んだにちがいない。

そのうちに、「先斗町と書いてポントチョウと読むんだよ」ということになった。そのうちに、というのは、時期がはっきりしないのをごまかす言い方である。

そして、京都の先斗町という地名から先斗を「ポント」と読むのがはじまったのか、先端や岬を一般的に「ポンタ」と言っていたのが京都の堤防上の地名に応用されたのか、これもまた判然とはしない。長崎あたりに「ポント」という言葉が残っていれば判然としてありがたいのだが――。

ともかくも、江戸時代では「先」や「初め」を示す一般名詞の「先斗」という言葉が使われていて、「ポント」と読んでいた。たとえば、カード博打で真っ先にカネを張るのを「先斗に張る」と言っていた。これは井原西鶴《いはらさいかく》が『本朝《ほんちょう》二十不孝』で使った表現である。

観光客で賑わう先斗町

南に一直線につくられた歓楽街

「先斗はポントさ、それでよろしい。つまらぬ詮索はヤボ」という人もあったろうが、「なぜ、なぜ?」と詮索して答えを出さなければ気のすまない人もいる。

それは今も昔も同様らしく、明治二十九年から大正四年にかけて『京都坊目誌』という大著を独力で刊行した碓井小三郎《うすいこさぶろう》という人も「先斗——ポント」の件には頭を悩ましたあげく、次のような解釈にたどりついた。

「寛文十年に堤防がつくられ石垣が築かれたあと、延宝二年(一六七四)に人家を建てることが許された。数年して人家密集になったが、東側だけで西側には家がない。そこで、先斗り《さきばか》という意味で先斗町と書くようになった」(意訳)

碓井さんには失礼だが、わかったようでわからない文章である。「片側だけ」が、どうして「先斗り」と同じ意味になるのか? 「片側だけ」を強調したいなら、そのまま「片側町」でいいじゃないか?

とはいっても、わたしはこの「先斗り」説には大いに興味を感じている。碓井さんの説明の全体を批判しながら一部を援用するのはよくないことだが、おなじ疑問にぶっつかって奮闘する同志として失礼を許していただき、わたしの想像を展開すると、こうなる。

堤防の上に、三条の一筋南から四条まで道ができた。いまの先斗町通である。木屋町の問屋や運送屋の店は商売繁盛しているが、そうなると接待のための歓楽設備が必要になってくる。チャンス到来とみた風俗営業関係者が堤防の上に次々と店を出しはじめる。

さて、そこで、この堤防の上では、地の利の問題はどうなるか？　具体的に言うと、三条に近い北のほうが有利なのか、それとも四条に近い南か？

北である。

京都における地理意識の焦点は、北にある。御所を中心とする市街の構成が前提になるからだ。乱暴な言い方をすると、南よりも北が上品であり、格が高く、南の人は北を見上げ、北からは南を見下ろす、という感覚になっている。「都落ち」とは「北から南への、イヤイヤながらの移動」なのだ。

したがって、堤防の上では、まず三条に近いところから店や人家が建てられ、その南にまた新しい店が建っていく、という光景であったはずだ。

東は鴨川、西は木屋町だから、ただひたすら南へ南へと一直線につづく建築ブームを「北」に重心を置いた地理意識からみると、「先へ、先へと家が建っていく」という感じだったのではないか。

電車が走っていくのを遠くから見ていると、景色のなかに先頭の車両が突っ込んでいくような感じをうける。あれとこれと、おなじ印象だったのだろうと思っている。一列の建造物がグングン南へ走っていく、その光景が「先斗り」を強く印象づけたのではなかったか？

つまり「先斗町」とは、停止状態ではなくて、店や家が盛んに建てられていく、一時的で激しい変容を表現した言葉ではないか。

高瀬川《たかせがわ》沿いに広がる木屋町《きやまち》通

4章

なぜ信長の葬儀が、禅寺で行なわれたのか

——秀吉が「大徳寺《だいとくじ》」を主君弔《とむら》いの場とした理由

【この章に登場する主な史跡】

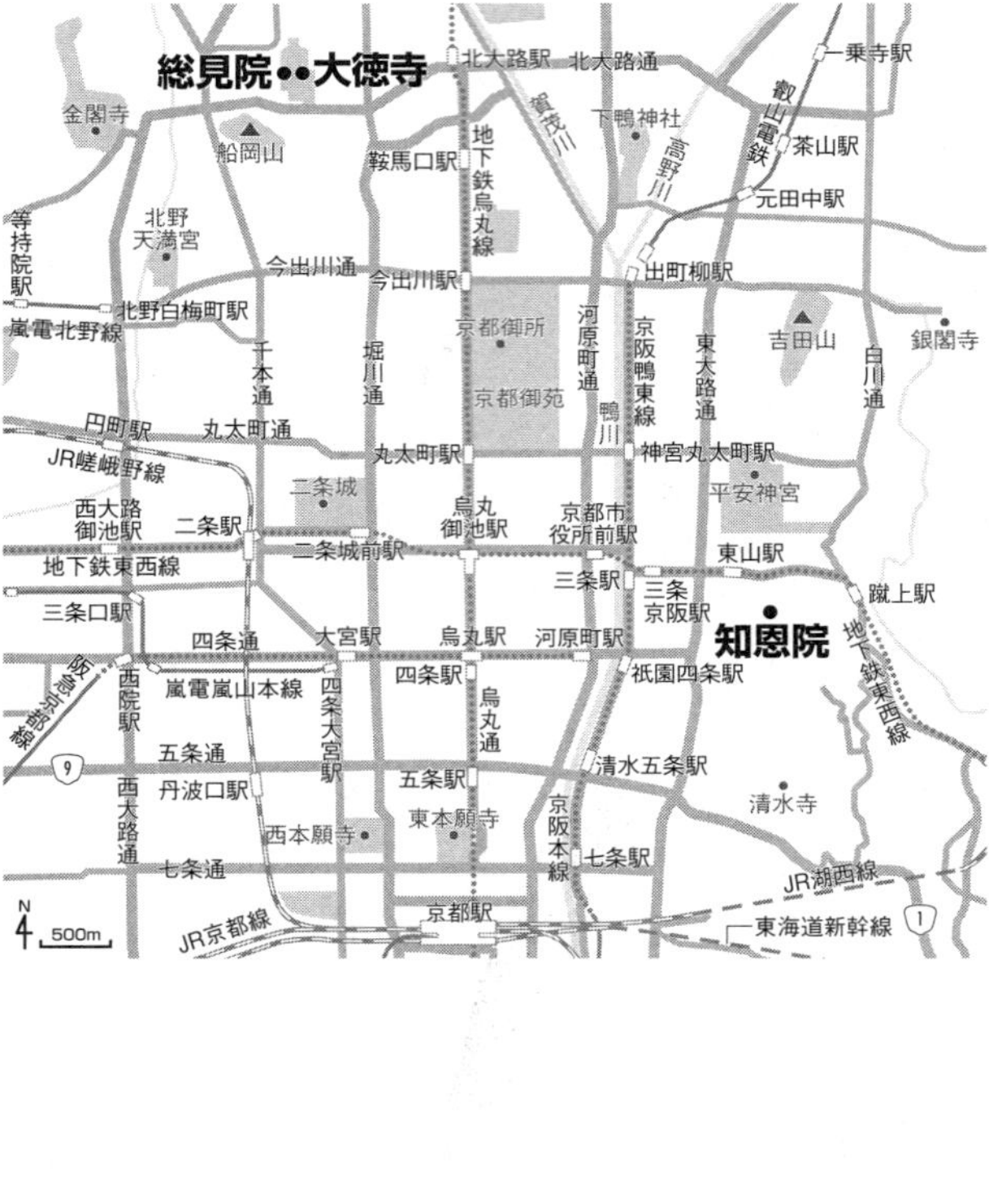

信長の葬儀が行なわれた大徳寺

紫野《むらさきの》の大徳寺は禅宗臨済宗の寺だ。

市内にいるのが信じられない静寂のなかに、由緒あるたくさんの塔頭《たっちゅう》が立ち並んでいる。清水寺《きよみずでら》や金閣、銀閣とはまた味わいのちがう雰囲気は、いちど好きになったら忘れられない。

臨済宗の寺には「五山十刹《ござんじっさつ》」というランキングがあって、その昔、大徳寺は高いランキングに位置していた。

だが、室町幕府とのつながりが弱かったためにしだいに落ちていって、いつのまにか五山十刹のグループから外《はず》れ、「林下《りんか》」になってしまった。林下とは「その他大勢」といった意味である。

大徳寺としては、このほうがよろしい、という態度をとっていた。

五山十刹のランキングを維持するには、将軍や有力大名とのコネを強くしておく必要があり、そっちのほうにエネルギーをとられて、肝腎の禅についてはおろそかになる心配があったからだ。

純粋な禅は大徳寺にある――自他ともに認めるところではあったが、それにしても貧乏な寺ではあった。火事にやられたし、応仁《おうにん》の乱の兵火にさらされたこともある。

後土御門《ごつちみかど》天皇が、「大徳寺の荒廃は放置できぬ、再建せよ！」と命じてから少しずつ復興がはじまり、あの有名な一休《いっきゅう》が努力を傾けたので、なんとか体裁《ていさい》が整うようになった。

しかし、いまに見るような壮麗豪華の伽藍《がらん》になったのは、豊臣秀吉が亡き主君・織田信長の葬儀をここで行ない、菩提所として塔頭の「総見院《そうけんいん》」を建ててからのことだ。

ここに謎がある。

なぜ秀吉は、大徳寺で信長の葬儀を行なったのだろうか？

京都には、ほかに、大きな寺がいくらでもあったのに、なぜ大徳寺なのか？

なぜ知恩院《ちおんいん》ではなかったのか

実際、考えれば考えるほど、おかしいのである。

信長の葬儀はなぜか大徳寺《だいとくじ》で行なわれた

織田信長は本能寺《ほんのうじ》で殺された。これは誰でも知っている。本能寺は焼けてしまったから仕方がないが、本能寺とおなじ法華（日蓮）宗の寺はほかにたくさんある。信長の葬儀であるからには、法華の寺で行なうのが常識というものだろう。

信長は法華宗の信者ではない、どこかひとつの宗派の仏教を贔屓《ひいき》にしているということもなかった。おしなべて仏教は嫌いであった。

それはそれ、信長と法華宗とのあいだには並々ならぬ関係があった（2章参照）のだから、葬儀は法華の寺で行なうのが亡き信長の意を汲むことになるはずだ。法華の寺も世間一般も、そう考えていたはずなのだ。

浄土宗と信長の関係も悪くはない。本能寺を宿舎にさだめる前には何回か知恩院を宿舎としたし、戦勝祈願のお礼に堂塔の修理料を寄進したこともある。清玉《せいぎょく》という浄土宗の僧が、本能寺の焼け跡をさがして信長の遺骨を拾い、自分の寺に埋葬したという話もある。

それくらいだから、知恩院のほうからすすんで秀吉に、「信長さまのお葬式は、ぜひとも当山で……」と売り込んだとしても、なんの不思議もない。

売り込みといえば、秀吉に対して、

「信長さまのお葬式は、ぜひとも私どもに……」

と売り込むのは秀吉を信長の後継者として認めることにほかならないから、そこは利口な秀吉のこと、

「お礼はするよ。どんどん売り込んできてくれ――信長さまの葬式を挙行してほしい、とな」

ひそかに、誘っていたかもしれない。

これはわたしの推測にすぎないのだが、たとえ秀吉がこんな利口な手を使っていたにしても、かなり早い時期から秀吉は、信長の葬儀は大徳寺で行なう、と決めていたらしいのだ。

暗躍した千利休《せんのりきゅう》

背後で動いたのは千利休にちがいない。言い換えれば、利休を先頭とする堺の商人たちだ。

堺の商人と大徳寺の関係、それは一休のときから切っても切れない深く、強いものになった。

戦乱を避けて堺に行くことの多かった一休和尚《おしょう》は、尾和左衛門《おわざえもん》をはじめ、多くの弟子《でし》を得た。尾和などは一休から「宗臨《そうりん》」という法名をもらって正式な法弟となったばかりか、死去に際しては「全財産を大徳寺の修理料にあてるべし」との遺言状を残したほどだ。

古岳宗亘《こがくそうこう》が堺に建てた南宗庵《みなみそうあん》は、法弟の大林宗套《だいりんそうとう》によって南宗寺《なんしゅうじ》という堺きっての巨刹《きよさつ》となり、この南宗寺で修行してから大徳寺の住持に出世する僧も少なくなかった。

堺と京都を股にかけて活躍する禅僧の周辺には、茶道によってつながる商人の人脈があり、その先頭に立つのが今井宗久《いまいそうきゆう》、津田宗及《つだそうぎゆう》、そして利休という信長の三茶頭《さどう》であるのは言うまでもない。利休は大徳寺の笑嶺宗訢《しようれいそうきん》や古渓宗陳《こけいそうちん》に禅を学んで、「宗易《そうえき》」の法名をうけたのだが、その笑嶺は大林宗套の法弟だという関係にある。

ところが、この時期、堺の禅の世界は危機感におおわれていた。法華勢力の台頭に圧倒される事態になってきたのである。この状態を盛り返すためには、大徳寺の地位が格段に高まることが必要、かつ有効だ。

いかに法華勢力が強くなろうと、堺の禅宗が慌てる必要はないではないか、信

大徳寺内にある信長の菩提所《ぼだいしよ》・総見院《そうけんいん》

仰を強く維持してさえいれば――こういうわけにはいかないのが政治と宗教、経済の関係だ。法華勢力の台頭は、それまで堺を支配していた階層の商人、言い換えれば禅と茶に打ち込んでいた階層の地位低下を意味するものにほかならないのである。

堺の上層商人としては、大徳寺で信長の葬儀が行なわれ、その結果として大徳寺の地位と勢力が高まるのは、ぜひとも必要なことだった。

法華の寺でなく、禅寺にした理由

わたしは12章「なぜ茶道《さどう》が京都で盛んになったのか」で、こう書いている。

「信長の時代では、利休は今井宗久と津田宗及につぐナンバー3の茶頭だった。茶道の力量よりは、堺の経済界における地位の差がそうさせていた」(248ページ)

この事情は利休自身にもよくわかっているから、ぜひとも秀吉を信長の後継者に擁立し、それによって自分の地位を安定させねばならないと決意している。経済界での勢力では今井や津田にかなわないとしても、秀吉の筆頭茶頭となることで今井や津田を凌駕《りようが》する地位を獲得できるはずだから。

信長が死んでまもなく、利休は秀吉の耳にささやいたはずだ。

「一日も早く信長さまの葬儀をなさるべきです」

「葬儀？　といっても、俺はいま忙しくて、そんな気分にはなれんのじゃが……」

「なりませぬ！」

「お前は、この俺を叱る気か？」

「どんなお叱りをうけましても、これだけは引きさがれませぬ」

「訳を聞こう」

「ほかの方々は、合戦で勝負をつけようと、そればかり……」

「あたりまえではないか」

「それがちがうのです。亡き御主君の葬儀を行なう方こそ後継者の椅子にすわる、これは古今東西、変わらぬ鉄則でございましょう」

「フーム」

「ほかの方々は、そこに気がついておられませぬ。そういう、いまこそ……」

「いかにも、そのとおりじゃ。して、寺はどこにするか。信長さまの御葬儀となれば、やはり法華の……」

「法華は、なりませぬ」

「また反対するのか、なぜ法華はいかん？」

「あなたは、いわば信長さまの権力を横取りなさるわけですから……」

「横取りとは人聞きが悪いが、まあ、ここだけの話として、許そう。いかにも横取りじゃ。それが、どうした？」

衆目の一致するところとして秀吉が信長の後継者になるならば、葬儀は断じて法華の寺でなくてはならない。何もかも、政治のスタイルのすべてを継ぐわけだから。

ところが秀吉は、信長の権力を「継ぐ」とみせて、その実は徳川家康、柴田勝《しばたかつ》家《いえ》といった有力者をおしのけて「横取り」するのだ。政治のスタイルを独自のものにしなければ、そういう政権は長持ちしない——利休の説明はこういうものであったろう。そのためには法華ではなく、禅宗の寺がよろしい。とくに大徳寺などが適当ではないでしょうか、と。

「ほほう、大徳寺か。わしは、よく知らんのじゃが」

「知らぬ、ではすみませぬ。堺衆のカネを引きつけるには大徳寺ほど適当な寺はありませぬ」

「堺衆のカネ……そうかッ、そいつを忘れておった！」

大徳寺としても、これは歓迎できる話である。いくら、「純粋の禅はわが大徳寺にしかない」と誇っていても、最低限のカネは必要だ。自分から権力に近づいてカネをもらう気はないにしても、向こうからやってくるカネなら遠慮することはない。

天下盗りに不可欠だった堺の商人

ところで、千利休と今井宗久・津田宗及とでは立場がちがう。

利休はなによりも先に自分の茶を、そして秀吉との関係に重点をおいて計算するが、今井や津田にとっては茶よりも商売、秀吉よりは堺が先に立つ。堺そのもの、あるいは自分たちの商売の安全のためには、いまここで秀吉に賭けるのが正しいかどうか、じっくりと見極めなければならない。

今井や津田の判断が「秀吉は支持しない」となった場合、それは堺そのものの分裂となり、秀吉の政権奪取も不可能になるパーセントが高かった。それだけ堺商人の比重が大きかったのである。

結果から先に言うと、今井も津田も「秀吉支持」の姿勢をかためたので、堺は分裂せず、秀吉もめでたく政権奪取に成功した。

では、今井や津田はなぜ秀吉支持の姿勢をかためたのか？

今井宗久はともかく、津田宗及と明智光秀との交際は古く、深かった。天正六年（一五七八）の正月に津田がはじめて近江坂本《おうみさかもと》に光秀をたずねて以来、光秀に対する津田の年賀訪問は恒例になっていた。もちろん徳川家康や秀吉とも親しく交際していたが、光秀ほどは親しくしていない。利休は秀吉、津田は光秀というのが世間の認識になっていたといっても過言ではなかろう。

本能寺の変は天正十年六月二日未明だが、その前日、津田宗及は堺をおとずれた家康を主客として茶会をひらいた。

一夜が明けたところへ、信長横死のニュースが届く。肝をつぶさんばかりに驚いた家康は、京都を避けて鈴鹿《すずか》越えで三河《みかわ》に逃げ帰った。

津田宗及はどうしたかというと、さっそく京都へ駆けつけ、光秀に祝辞を言おうと思った。思っただけではなく、堺を出て天王寺《てんのうじ》あたりまでは行ったのだ。

堺を出たのが何日か、天王寺にはどれくらい滞在したのか、詳しいことはわからないが、天王寺に着いた津田の耳に届く情報はすべて、開戦直前の情勢が秀吉有利に動いていることを示していた。

津田が「秀吉支持」の姿勢をかためたのは天王寺での情報収集の結果だが、そのなかでも決定的だったのは、備中《びっちゅう》高松城を包囲していた秀吉が毛利《もうり》方と急遽和解し、明智光秀に弔《とむら》い合戦を挑むべく上京の姿勢を整えている、という情報であったはずだ。

そして津田は、何をやったか？

これは推測だが、瀬戸内海ぞいに上京してくる秀吉に密使を出し、「明智さまとの決戦には、わたくしどもが軍需品を用意いたします」と告げたのではないかと思う。「備中大返《おおがえ》し」と言われる電光石火の行動が成功した裏には、大軍の移動を可能にした兵糧《ひょうろう》がモノを言っていて、それを用意したのは津田宗及のほかには考えられないから。

六月十二日、津田は摂津富田《せっつとんだ》の秀吉の陣地に行き、歓迎の挨拶をしている。これは津田個人ではなく、堺商人の総意を代表したものだろう。秀吉が明智光秀を山崎《やまざき》で打ちやぶるのは、その翌日だ。

次々と建てられた大徳寺の塔頭《たっちゅう》

さて、大徳寺における秀吉主宰の織田信長の葬儀は、十月十一日から七日間にわたって盛大に行なわれた。盛大という言葉の中身はさまざまだが、この場合、たとえば葬儀の導師をつとめた僧が、じつになんとも豪華なメンバーだった。

大導師は七十八歳の長老笑嶺宗訢で、以下は怡雲宗悦《いうんそうえつ》・古渓宗陳・明叔宗哲《めいしゅくそうてつ》・竹澗宗紋《ちっかんそうもん》・玉仲宗琇《ぎょくちゅうそうしゅう》・春屋宗園《しゅんおくそうえん》・仙岳宗洞《せんがくそうとう》と七人の高僧が立ちならんで読経したのだ。

葬儀を終え、秀吉が着々と政権の基礎がためをはじめるのと並行して、大徳寺には塔頭ブームが起こる。これまでにも徳禅寺、養徳院、大仙院、聚光院《じゅこういん》といった塔頭が建てられているが、新たにはじまる塔頭ブームは、信長の葬儀で導師をつとめた高僧をそれぞれ開基とするところに特徴がある。

まず、信長の菩提所の総見院が、古渓宗陳を開基として建てられた。建てたのは秀吉自身である。総見院の名は信長の法号「総見院泰巌安公」からきている。塔頭のなかの塔頭ともいうべき存在で、信長のほか信忠《のぶただ》や信雄《のぶかつ》、豊臣秀勝《ひでかつ》の墓が

現在の本能寺にある〈信長公廟所〉

ある。

秀吉と小早川隆景《たかかげ》のふたりが、玉仲宗琇の師の春林宗俶《しゅんりんそうしゅく》を開基として建てたのが黄梅院《おうばいいん》である。隆景とのゆかりで、毛利輝元一族の墓がある。

石田三成《いしだみつなり》が浅野幸長《あさのよしなが》、森忠政《もりただまさ》（蘭丸《らんまる》の弟）に呼びかけて建てたのが三玄院《さんげんいん》で、開基は春屋宗園。三成や忠政のほか、古田織部《ふるたおりべ》の墓がある。沢庵《たくあん》漬けで有名な沢庵和尚は但馬《たじま》の出石《いづし》から出てきて、この三玄院で春屋宗園に学んだ。

高桐院《こうとういん》は細川忠興《ほそかわただおき》が玉甫紹琮《ぎょくほじょうそう》を開基として建てた。玉甫紹琮は細川幽斎の弟、つまり忠興の叔父に当たる。忠興は利休の高弟のひとりだったから、大徳寺の塔頭のうちでは「茶湯《ちゃのゆ》塔頭」といった性質を濃厚なものにしている。忠興の墓のほか、明智光秀の娘で忠興の妻となったガラシャ（お玉）や出雲阿国《いずものおくに》、阿国の恋人といわれる名古屋山三郎《なごやさんざぶろう》の墓がある。

龍光院《りゅうこういん》は、黒田長政《くろだながまさ》が父の如水《じょすい》（孝高）の菩提寺として建てたもの。開基の江《こう》月宗玩《げっそうがん》は津田宗及の子で、春屋宗園の弟子。

さて、秀吉以後の主な塔頭を紹介したが、利休の墓は以上の塔頭のうちにはない。利休は生前から笑嶺宗訢の聚光院《じゅこういん》を自分たち夫婦、両親、夭逝《ようせい》したふたりの子の墓所と定めていたのだ。

聚光院は、織田信長以前に堺を支配していた三好長慶《みよしながよし》の菩提寺である。利休がこの聚光院を自らの墓所と決めていたのは、秀吉の筆頭茶頭兼政治顧問という地位の将来性になんらかの暗雲を予想していたからのようにも思える。

5章

なぜ秀吉は、京に大仏殿《だいぶつでん》を建てたのか

――奈良・東大寺《とうだいじ》を凌いだ方広寺《ほうこうじ》・大仏建立の謎

【この章に登場する主な史跡】

大仏は消えたが梵鐘《ぼんしょう》は残った方広寺

歴史の上では大事だが、いまではあんまり関心を持たれていない、そういうもののひとつが方広寺だ。

姿を消してしまったわけではなく、ちゃーんと現存する。どこにあるかというと、京都国立博物館の西の通り（大和大路）を北に進むと右側にまず豊国《ほうこく》神社があり、その北隣が方広寺だ。

この方広寺の梵鐘の銘文に徳川家康がイチャモンをつけ、それが大坂の陣のきっかけとなって豊臣家はつぶれてしまう（後述）。

それにしては、「これが、あの方広寺なの？」と言いたいくらい、小さくて、あっさりした感じの寺である。

京都では、「方広寺」よりは「大仏さん」のほうがわかりやすいだろう。奈良の東大寺《とうだいじ》のように、方広寺は大仏と大仏殿が中心になったお寺だった。

では、その大仏はどうなっているかというと、寛政十年（一七九八）の落雷で焼けてしまい、その後しばらく再建されなかった。天保《てんぽう》年間（一八三〇～四四）、尾張《おわり》国の有志が半身の大仏をつくって仮の仏殿に納めたが、それも昭和四十八年（一九七三）に焼けてしまい、そのままになっている。

「方広寺」より「大仏さん」のほうが通りがいいといったところで、その大仏そのものは消えてしまっている。つかみどころがない、といった感じだ。

大仏が消えているなら、問題の梵鐘も消えているにちがいない――ところが梵鐘は残っている。

現在の方広寺の敷地は約五千八百坪だという。この数字を聞けば、「狭い、あっさりしたお寺だな」という印象が間違っていないのがわかる。

その、狭い寺域の真ん中に鐘楼《しょうろう》が建っていて、問題の鐘がまるで方広寺の主人公みたいな印象を与えている。「俺だけは、つぶされずに残ったぞ！」と、肩を張り、歴史の証人として自己主張をしている。

聖武《しょうむ》天皇になりたかった秀吉

さて、方広寺は豊臣秀吉が発願して天正十四年（一五八六）に工事にかかり、文禄《ぶんろく》二年（一五九三）なかばに完成した。

大仏が消え、梵鐘《ぼんしょう》だけが残った方広寺《ほうこうじ》

七年の時間をかけたわけだが、そのあいだ工事がつづいたわけではない。敷地の変更があったり、銅像の大仏にする計画が漆膠《しっこう》のものになったり、かなりゴタゴタした経過をたどっている。

秀吉は、何が目的でこの方広寺をつくったのだろう？

結論から先に言うと秀吉は、奈良時代に絶大な権力をふるった聖武天皇になりたかったのだと思う。

「聖武天皇は東大寺の大仏殿をつくった。俺の権威と聖武天皇の権威とはほぼ同等、あるいは俺のほうがちょっと上か。それなら俺には、京都に大仏殿をつくる義務があるというものではないか！」

聖武天皇の大仏建立《こんりゅう》は仏教を政治の柱にするという政教一致の姿勢から生まれたものだし、それには天皇自身の仏教への深い帰依《きえ》の裏付けがあった。

秀吉にはそういうものはない。「とにかく巨大豪華なもの……それなら大仏だ」という、率直といえば率直な発想からきていた。

巨大豪華と言えば、秀吉の聚楽第《じゅらくだい》も巨大豪華である。方広寺建立とおなじ天正十四年に秀吉は聚楽第の工事にかかり、翌年に完成した。

聚楽第は秀吉政権の京都政庁である。秀吉は「仏教の保護者」の顔をしていたいから、聚楽第だけでは満足できない。もうひとつ、大仏殿の巨大豪華でもって、「どうだ、嬉しいだろう」と威張ってみたいのである。

方広寺の大仏は高さ六丈《じょう》三尺（約十九メートル）の盧遮那仏《るしゃなぶつ》だ。京都には、こんな大きな仏像はないから、参詣人が押しかけてくるはずだ。

『太閤記《たいこうき》』には、「京都がますます賑わうように、とのおぼしめしから」方広寺大仏殿の建立を思いたった、と書いてある。京都の景気についてはなかなか気を使うところのあった秀吉だから、これはそのとおりに受けとっていいだろう。

しかしまた、子供みたいに無邪気なところのある秀吉のこと、大仏に参詣人見物人が押しかけ、清水寺《きよみずでら》や祇園《ぎおん》がさびれたと聞いて、「どうじゃ、観音や素戔嗚尊《すさのおのみこと》に俺の大仏が勝った！」と喜びたい下心がなかったとは言えない。

まぼろしの天正寺《てんしょうじ》

深い信仰心があったかどうかは別にして、以前から秀吉は、「これは俺の寺だ」と言える寺を建てたいと思っていた。

そうして天正十二年（一五八四）には、大徳寺《だいとくじ》の南の船岡山《ふなおかやま》に織田信長の菩提寺として「天正寺」という寺を建てる計画が整い、大徳寺の塔頭《たっちゅう》、総見院《そうけんいん》の開祖である古渓宗陳《こけいそうちん》上人が工事責任者と決まり、宗陳には銭四千貫の予算が渡された。総見院も秀吉が建てた信長の菩提所だが、これはあくまで大徳寺のなかの塔頭にすぎない。天正寺は独立した巨大な寺になるはずだった。

天正という年に天正寺という寺を建てる――こういう寺を「元号寺《げんごうじ》」という。比叡山延暦寺《ひえいざんえんりやくじ》は延暦年間に建てられ、はじめは比叡山寺と言っていたが、桓《かん》武《む》天皇の勅許を得て国家の寺院となってから延暦寺の名に改められた。だから延暦寺も元号寺なのである。京都では最初の禅宗寺院の建仁寺《けんにんじ》は建仁二年（一二〇二）に工事がはじまったので、土御門《つちみかど》天皇の勅許を得て建仁寺という名がつけられた。

元号寺は天皇の勅願寺《ちょくがんじ》となるケースが多いから、格別に高い寺格を認められる。秀吉の天正寺のためには、正親町《おおぎまち》天皇直筆の「天正寺」という三文字が用意された。

船岡山は標高百十二メートル、平安京の真ん中を南北につらぬく朱雀大路《すざくおおじ》（いまの千本《せんぼん》通）の位置を決める基点になったともいわれ、市内の眺望を一手におさめられる景勝の地だ。ここに巨大なる天正寺が建てられていたら、まさに京都を完全に制圧する光景が出現していたはずだ。

ところが、どういうわけなのか、この天正寺は計画倒れに終わってしまった。正親町天皇の直筆まで用意されたのに、なぜ「まぼろしの天正寺」になったのだろう？

「お父上の菩提寺《ぼだいじ》を建てます」

秀吉が天正寺建立計画を公表したのは、天正十二年の秋のことだ。

この時期の秀吉は、織田信長の後継者としての地位を完全には獲得していなかった。明智光秀を倒したが、それは「弔《とむら》い合戦」のほうに比重が置かれていた。大徳寺で盛大な信長の葬儀を主宰して後継者の地位に近づいてはいたが、完全とはいえない。

信長の子の信雄《のぶかつ》と徳川家康は連合戦線を組み、尾張《おわり》の小牧《こまき》・長久手《ながくて》で秀吉と対《たい》峙《じ》し、いまや全面戦争突入寸前の事態になっていた。

もちろん秀吉は、「やる気か、面白い、相手になろう！」という顔をみせる裏では和平の途《みち》をさぐっている。その和平工作を有利に運ぼうというのが天正寺建立構想ではなかったか。

「お父上（信長）の菩提寺を建てます。船岡山の上に、ドカーンと」

秀吉によってこういう計画を発表されてしまうと、信雄としては戦意が鈍《にぶ》る。それで家康との連合戦線に緩《ゆる》みができて、ついに和平になった――というのがこの説の要点だ。

先に事実経過を書いておくと、和平のあとで秀吉は関白になり、家康が上洛《じょうらく》して秀吉に対して臣下の礼をとり、天下が秀吉の手に落ちたのはもはや明白になる。この時点で秀吉は「天正寺建立は中止とする」と決めてしまうのだ。この説に従えば、天正寺建立の必要はなくなった。だから中止するのが当然である、ということになる。

面白い解釈だが、信雄の戦意が鈍るというのを前提にしているのが弱点でもある。なぜなら、この時点で信雄が狙っているのは、「どっちにつけば父の天下を継承できるか」だったからだ。

そういうところへ秀吉が、「お父上の菩提寺を建てます」と発表する――信雄の心理は、どうなるか？

「秀吉の奴め、ひょっとすると父上の天下を横取りするつもりではないか。それにちがいない！」

　こうなるのが自然というものではないだろうか。

　秀吉と家康はいまは敵対しているが、信雄に天下を渡して自分がその臣下となるつもりなんかさらさらないという点では共通している。

　そのあたりのことが信雄にはぜんぜんわかっていないのだが、無知ゆえの強みというものはあるはずだ。

「織田の跡取り息子の自分をさしおいて秀吉の奴、勝手に父の菩提寺をつくるとは、許さん！」

　信雄はあらゆる策を尽くして天正寺の建立阻止をはかったのではないか。その結果がどうなったかというと――これもまた推測の域を出ないのだが――秀吉の耳に厄介な情報がもたらされたのではないか。

　たとえば、「表向きはともかく、大徳寺の総意としては天正寺建立には迷惑を感じている。工事責任者に任命された宗陳さえ、『できれば辞退したい』と周囲にもらしている」といったような噂が秀吉の耳に届いたのではなかったか？

　なぜこのように推測するのかというと、秀吉が天正寺建立を中止してまもなく宗陳は秀吉の怒りをかって太宰府《だざいふ》に一時流罪《るざい》された事実があり、関係者のあいだでは、石田三成《いしだみつなり》が秀吉に宗陳を讒言《ざんげん》したらしいという噂がささやかれていたからだ。三成はこのころ、大徳寺の円鑑《えんがん》国師に参禅していたから、「三成は大徳寺に介入して、なにやらアヤシイことをやっておるぞ」という噂がたてば、これを打ち消すのはむずかしい。

つまり、わたしは、こう考えている——天正寺建立構想は決行するつもりのないアドバルーンではなく、秀吉は決行する気だった。しかし、建立を強行した場合のキズは浅くないと秀吉は判断し、あきらめざるをえなかったというのが真相ではなかったか。

古渓宗陳が何を言ったのか、三成は本当に宗陳を讒言したのか、なにも証拠はないが、わたしの推測が正しければ、秀吉には、世間がアッと驚くはずの天正寺を建てられなかった後悔が残ったことになる。

船岡山は秀吉に見放された結果になるが、なにしろ平安京造営計画の基点になった山である、大徳寺を見たついでに登ってみるのも悪くない。じつを言うと、頂上近くにある「建勲《たけいさお》神社」には織田信長の霊が祀《まつ》られているのである。

織田家はつぶされず、零細大名として江戸時代を過ごし、出羽《でわ》の天童《てんどう》で二万三千石を知行《ちぎょう》していたときに明治維新となる。最後の藩主の織田信敏《のぶとし》は東京と天童に「建織田社《たけしおりたのやしろ》」をつくり、明治十三年に船岡山に移転して建勲神社とした。ふつうは「けんくん神社」と言っているが、正式には「たけいさお神社」である。

毎年の十月十九日には信長の入京を記念する祭礼があり、神社所蔵の太田牛一《おおたぎゅういち》の自筆本『信長公記《しんちょうこうき》』は重要文化財に指定されている。

信長を超えるべく建てられた寺

秀吉は関白に、つづいて太政《だじょう》大臣という途方もなく高い位につく。

こうなればもう、天正寺の二つや三つをぶっ建てるぐらいは朝飯前だ。

ところが秀吉は天正寺ではなく、大仏殿の方広寺を建てた。

なぜなんだろう？

天正寺なんていうものにこだわるのが、バカラシク思えてきたからだ。

信長の菩提寺としての天正寺を建てるのは信長の後継者のしるしにはなるが、同時にこれは、秀吉が永遠に信長の後継者であることを意味するしるしにもなってしまう。そんなものはイヤだ、忘れるに越したことはないと秀吉は思いついた。

俺はいつまでも信長の後継者ではない、信長以上の存在になるんだ――そういう抱負が方広寺建立には込められていた。

信長にできなかったことを俺はやる――その第一歩の「刀狩り令」は、方広寺建立工事の基礎がかたまった天正十六年（一五八八）に発表された。いみじくもそこで秀吉は、こう言っている。

「諸国の百姓の脇差《わきざし》、刀、鉄砲そのほかの武器はすべて没収する。没収した武器は、このたび建立する大仏殿の釘や鎹《かすがい》に使われるから、今生ばかりか来世まで、百姓の恵みとなる」

兵と農とを分離する「刀狩り」は「太閤検地」とともに、日本社会を中世から脱却させる大事業だった。信長には思いも及ばなかったことである。その画期的な意味が方広寺にはシンボライズされている。

方広寺の南には、後白河《ごしらかわ》法皇と平 清盛《たいらのきよもり》にゆかりの蓮華王院《れんげおういん》（三十三間堂《さんじゅうさんげんどう》）があり、北の六波羅《ろくはら》には鎌倉幕府の六波羅探題があった。つまり方広寺は、王者と

方広寺の隣に建てられた豊国神社

覇者の歴史の積み重なりを思い出させる場所に建てられたのだ。

秀頼《ひでより》が完成させた大仏殿

秀吉は慶長三年（一五九八）八月十八日に伏見城で亡くなった。方広寺は完成していたとはいえず、秀吉の子の秀頼が完成させたのである。

秀頼はまず、阿弥陀《あみだ》峰の西の麓《ふもと》の、いまは妙法院《みょうほういん》や京都女子大学がある約三〇万坪の広大な敷地に秀吉を祀《まつ》る「豊国神社《ほうこく》」をつくった。豊国神社の西に方広寺がつづく位置関係になるから、東西に細長い、じつに広大なる区域が「豊臣コーナー」となったわけだ。現在の豊国神社は明治になってから移されたもので、京都の人からは「ホウコクさん」と呼ばれている。

それと並行して方広寺の完成工事が進むわけだが、秀頼は父以上の、異常ともいうべき情熱を傾けた。

それはなぜだったかというと、慶長七年（一六〇二）から徳川家康の二条城《にじょうじょう》の建築がはじまったことと関係がある。

豊臣家の相続人として秀頼は、方広寺を二条城以上のものに仕上げなくてはな

方広寺の鐘の銘文が、豊臣家没落のきっかけだった

らないと決意していたのだ。家康が征夷《せいい》大将軍に就任することは内定していて、二条城は家康が将軍宣下をうける儀式のために、そしてその後の京都支配のためにつくられる。ふたりの政治力の差には歴然たるものがあるのだが、だからこそ秀頼は、ありったけの資金と情熱を方広寺完成工事に注《そそ》ぎ込まねばならない。

秀頼の情熱がどんなにすさまじいものだったか。

秀頼ははじめ、大仏を金銅像にしようとした。秀吉の計画では、まずはじめに銅像と決まったが、時間不足とわかって漆膠に変更された。金銅の像にする秀頼のプランは、それだけで父の計画を上回る。

しかしその金銅像は鋳造に失敗し、燃え上がってしまう。

それでも秀頼はくじけない。六年後にふたたび挑戦し、とうとう大仏も大仏殿も完成にこぎつけた。

大仏殿は桁行《けたゆき》が約九十メートル、梁行《はしゆき》が約六十メートル、高さは約五十二メートルだったというから、奈良の東大寺よりも高かった。内側の壁のすべては丹色《にいろ》で塗りつぶされ、丹色の光線の乱反射をあびて黄金に輝く大仏が立っている。大仏の本体だけではなく、うしろの光背《こうはい》までも黄金でメッキされていた。

秀頼は、やったのである。慶長十七年（一六一二）閏《うるう》十月のことだ。

慶長十九年四月には梵鐘も完成して、八月三日に大仏の開眼供養の式が盛大に行なわれることになった。

だが、予定された開眼供養は行なわれなかった。およそ千字におよぶ梵鐘の銘文のうち、「国家安康」と「君臣豊楽」の二節に厳しい非難が出たのである。「国家安康」は家康の名を分断することで徳川家の崩壊を祈願する気持ちの表われ、「君臣豊楽」は豊臣家のみの繁栄を謳歌《おうか》するもの——じつにメチャクチャな言いがかりではあったが、家康は秀頼側からの一切の弁解をうけつけず、大坂の陣へと舞台をまわしてしまう。

寛政十年（一七九八）七月一日の夜、落雷のために大仏殿と大仏がそろって焼けてしまった。

そのあとで京に新しいわらべ歌が生まれたという。

〽京の京の大仏さんは天火《てんび》で焼けてな
三十三間堂が焼けのこった
アリャドンドン、コリャドンドンドン
うしろの正面どーなた？

〽うしろの正面だーれ、という文句でおぼえている人もあるだろう。

ところで、この「うしろの正面」とは、なんのことか？

——目隠しされてグルグル回り、止まったところで、「うしろの正面にいるのは誰か」を当てる子供のゲームだろう。なにか、おかしいことでもあるのかね？

——そんな簡単なものではないらしい。この「正面」とは通りの名前でもあるんだ。

方広寺大仏殿は西に向いていた。楼門《ろうもん》の前からまっすぐ西に走る通りは平安京の七条坊門小路の位置に相当するが、大仏殿ができてからは、この通りは「正面通り」と呼ばれるようになった。もちろん、「大仏さんの正面に当たる通り」の意味である。

「誰があなたの真後ろにいるの？」と「正面通り」とをひっかけただけのことかもしれないが、それではさびしい。

またたくまに消えていった京都の豊臣時代への憧憬、未練といったものが示されている——そう言っては考え過ぎだろうか。

6章

なぜ家康は、京都に無用な城を造ったのか

――〝征夷《せいい》大将軍〟任命に不可欠だった二条城《にじょうじょう》の役割

【この章に登場する主な史跡】

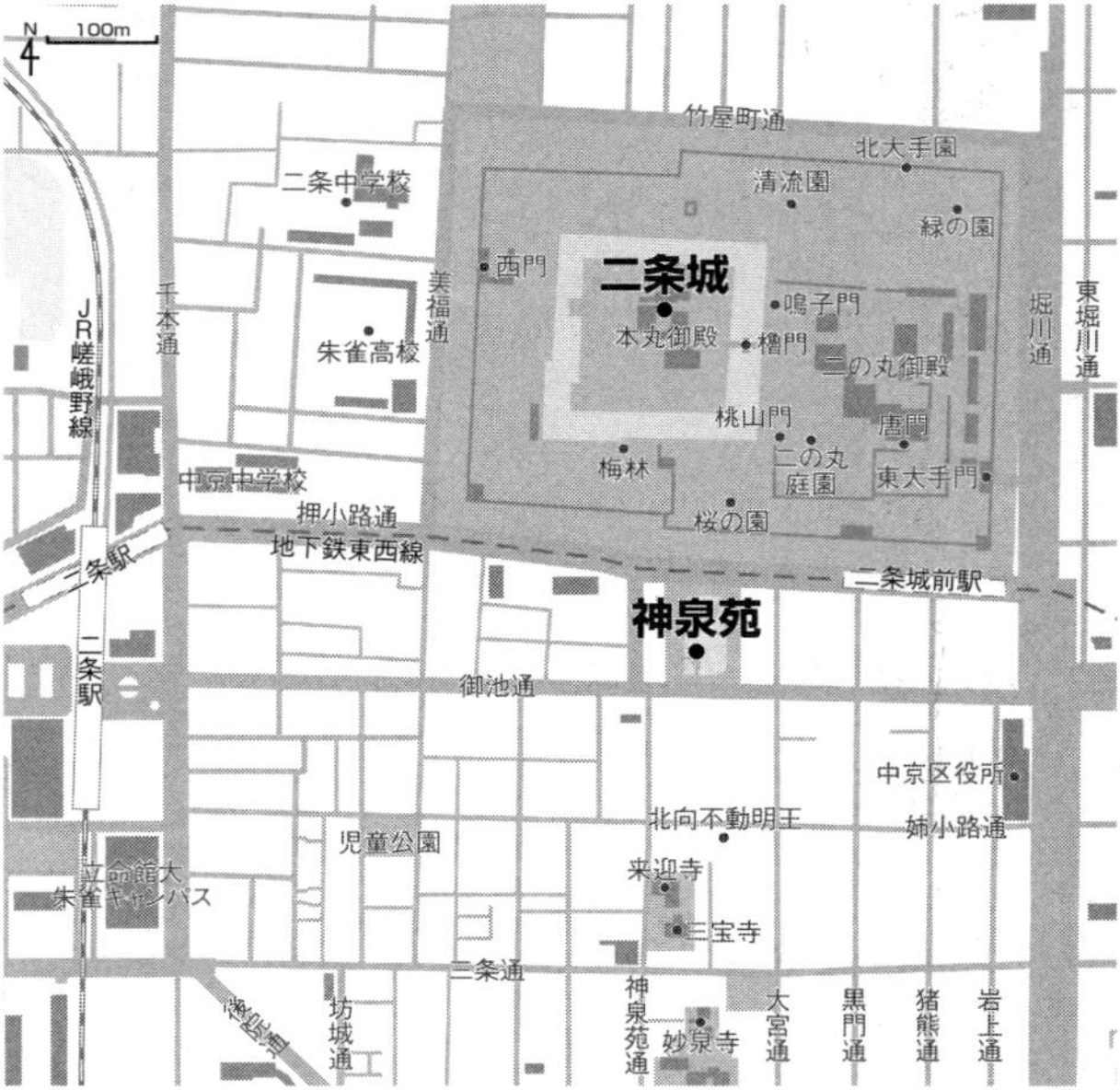

二条城に武士の姿は似合わない

二条城を見下ろして暮らしています。

と言うと、二条城を見るのが仕事みたいだが、そんなことはない。たまたま八階の部屋に当たったので、「窓をあければ二条城が見える」毎日になっただけのこと。

それにしても、ヘンな感じだ。

千五百メートル北から見下ろす二条城が低いのである。建物はほとんど見えなくて、城というよりは森だ。

城を中心に市街が形成されている熊本や松山から来る人は、「へーえ、これが城だとさ」とあきれるだろう。

天守閣がないから威圧感に欠け、中に入って見物しても、「武士の城」の印象はまことに弱い。

二の丸はともかく、本丸ともなれば「武士の城」の雰囲気はあるはずだと期待していると、これがまたガッカリ。

「ここに武士がいたら、それこそ場違いというものだね」

正しい印象である。

二条城本丸に武士の姿――場違いの典型なのだ。

なぜなら、この本丸御殿の建物は、もともとは御所の今出川《いまでがわ》門の内側にあった桂宮《かつらのみや》の本邸だった。貴族の屋敷を明治中期に移したものだから、武士の姿が場違いなのは当たり前だ。

そこで、おかしいことになる。

今出川通をへだてて御所の北にある冷泉家《れいぜいけ》をのぞけば、江戸時代の貴族の屋敷はほとんどとりつぶされて影も形もなく、御所の西南にある九条《くじょう》家邸の茶室と池とが、わずかに往時をとどめるだけだ。

しかし、桂宮の本邸はほぼそのままの姿で二条城に残っている。だから、江戸時代の貴族の屋敷を見たかったら二条城に行けばいい、ということになる。

おかしいといって大騒ぎするほどではないが、おかしいにはおかしい。

ついでに九条家邸について少し言っておくと、これは「意外な発見」のひとつだ。

そうでなくとも静かな御所のなかで、ここに一歩足を踏み入れると、静寂その

武士の城とは思えない二《に》条《じよう》城《じよう》(本丸)

もの。「シーン」という言葉が無音状態の表現ではなくて、「シーン」という音そのものの表現なんだと、つくづくわかってくる。

池のほとりには、安芸《あき》から勧請《かんじよう》した厳島《いつくしま》神社がある。日本でいちばん小さい神社ではないかと言う人もいるが、破風《はふ》型の鳥居は意表をつくもので、「蚕《かいこ》の社《やしろ》」（木島坐天照御魂神社《このしまにますあまてるみたまじんじゃ》）の三つ鳥居、後藤家の庭園「擁翠園《ようすいえん》」（いまは民間企業の敷地内）の鳥居とともに「京都三鳥居」のひとつに数えられている。

さて、桂宮邸は弘化《こうか》四年（一八四七）の新しい建造だが、嘉永七年（一八五四）の京都大火で内裏《だいり》が焼けたので、焼け残った桂宮邸がほぼ一年のあいだ仮の皇居として使われた。

孝明《こうめい》天皇が政務をとったこともある貴族の建物、それが二条城に移築され、現在に至っているわけだ。だからどうなる、というものではないにせよ、桂宮邸のたどった歴史の揺れを考えていると、曰《いわ》く言いがたい気分になってくる。

秀吉の二面性——聚楽第《じゆらくだい》と伏見《ふしみ》城

京都は王朝千年の都、その京都と武士の城との組み合わせは似合わないに決まっているが、といって二条城は無理やりに建てられたわけではなく、それなりの原因も理由もあった。

その原因や理由とは、どういうものか？

ああでもない、こうでもないと探っていくと、豊臣秀吉がれっきとした身分家柄の出身でなかったことに行きつく。

秀吉は独立した農民でも商人でもなく、もちろん武士でもない。その秀吉が、社会秩序がくずれた隙《すき》に乗じて権力と富を握った。思えばそれが、二条城が京都につくられた遠い原因、理由だった。

社会の隙に乗じて成り上がった秀吉の権力は、貴族と武士の二面性を持っていた。貴族的でもなく、といって武士的でもないアイマイサと言い換えてもいい。

その二面性はまず、聚楽第と伏見城に現われた。

「秀吉さま、聚楽第と伏見城と、あなたにとって重要なのはどっちですか？」

秀吉にとって最悪の質問だ。

聚楽第が必要だと思ったから聚楽第をつくった、伏見に城が必要だと思ったから伏見城をつくっただけで、秀吉自身には、ふたつのものの関連とか意味づけなんていうものはぜんぜん意識されていない。

それでも、秀吉が権力を握っているうちはよかった。聚楽第と伏見城との関連のアイマイサは、むしろ秀吉の権力の肥料になっていた。

秀吉が没して、跡を継いだ秀頼《ひでより》が凡庸だったこと、これが「なぜ二条城が京都に？」の第二の原因かつ理由である。

凡庸な秀頼は、秀吉のアイマイサを継承できない。

たとえば、聚楽第である。

聚楽第は、まだ秀吉が生きていた文禄四年（一五九五）に秀吉自身の意志で破壊されていたが、秀頼が父の後継者を自任するならば、まず聚楽第を再建すべきであった。自分でできないならば、家康に再建させなくてはならなかった。

「徳川殿、あなたが父秀吉の後継者だというなら、ただちに聚楽第を再建すべきです。拒否するなら、あなたは秀吉の権力を奪ったにすぎず、正当な後継者と認めるわけにはいきません！」

こう言うべきだったのに、言えない。それくらい凡庸だった。

家康は凡庸ではないかわりにアイマイでもないから聚楽第を再建せず、二条城をつくった。

家康が敬遠した聚楽第跡地

家康は慶長四年（一五九九）閏《うるう》三月に伏見城に入った。それまで伏見城にがんばっていた石田三成《いしだみつなり》が近江《おうみ》の佐和山《さわやま》に引退したのをうけての伏見入城で、これによって家康は事実上の覇者《はしゃ》になったとみられている。

翌五年の関ケ原合戦の前哨《ぜんしょう》戦で西軍の攻撃をうけ、伏見城は全壊状態になるが、家康は再建工事を急がせ、慶長八年二月十二日に征夷《せいい》大将軍宣下《せんげ》の勅使をここで迎えた。

二条城の建築にかかったのは伏見城再建とほぼ同時期である。

敷地の総面積は二十六万平方メートルで、いまとほとんど変わっていない。四千〜五千戸の民家が立ちのかされたとする記録があり、やや過大な数字ではなかろうかと思われるものの、そんな無茶をするよりは、ちょっと北に行けば聚楽第の跡地があるのに、なぜそこに建てなかったのかと、首をかしげたくなる。

家康の心理から考えていくと、こういうことだろう。

まず、征夷大将軍になろうという狙いがあった。源頼朝・足利尊氏につぐ三番目の幕府創立者になり、武士として頂点に立つ。

秀吉の後継者という色彩をなるべく消し、頼朝と尊氏がつくった武家政権の後継者という色彩を強く打ち出すためには、秀吉の聚楽第の跡地に城をつくるわけにはいかなかったのだ。

秀吉という人物、聚楽第という建物の面白さはアイマイサにあるのだが、徳川家康には秀吉のアイマイサを受け継ぐだけの人間的器量はない。

だから、もし聚楽第の跡地に〝徳川城〟をつくったとしても、聚楽第のアイマイサには対抗できず、埋没してしまう。埋没したくないから、家康は聚楽第の跡地を敬遠した。

では、いまの二条城の敷地に注目したのはどういう理由なのか？

まず、ここには、平安京の中心だった「神泉苑《しんせんえん》」が残っていた。平安京の遺跡は、この神泉苑のほかには何も残っていないということでもある。

平安京遺跡の上に〝徳川城〟をぶっ建てるのだから、わるい気はしない。桓武《かんむ》天皇の後継者みたいな気分になるだろう。

もうひとつ、世間への言い訳みたいなこともあった。

それは、織田信長が足利義昭《あしかがよしあき》のために建ててやった「二条御所《ごしょ》」との関係である。

　義昭の二条御所は二条城とも呼ばれていたらしいが、北は勘解由《かげゆ》小路、南は春《かす》日《が》通（いまの丸太町《まるたまち》通）、東は烏丸《からすま》通、西は新町《しんまち》通に囲まれた一面で、いまは平安女学院のあるあたりだ。

　南の春日通からさらに三本南にさがらないと二条通には接しないのだが、どういうわけか二条御所とか二条城とか呼ばれた。

　家康は、義昭の二条御所の「二条」にこだわったにちがいない。

「足利幕府の最後の将軍、義昭どのの御所は二条城でした。わたくし徳川家康も二条城をつくりますから……」

　征夷大将軍になって当然なのです、というわけで、つまり朝廷が家康を将軍に任命しやすいように舞台をつくったわけだ。

　家康の実力をもってすれば、朝廷を脅迫して将軍の称号をもぎとるのは造作もないが、うまい手とは言えず、マイナスが大きい。

　将軍になる条件が整ったからには、波風が立たないように舞台と雰囲気をつくったほうが上策だと、家康にはよくわかっていたのである。

　いかにも家康らしく、念には念を入れた結果、二条城は役割を果たした。

〈将軍は二条城で生まれる〉

慶長八年二月十二日に伏見城で将軍宣下をうけた家康は、三月になって伏見から上京してまず二条城に入り、そこから威儀をただした行列を組んで参内《さんだい》し、拝賀の礼を行なった。

四月には二条城で盛大な能楽を興行し、大名や公家を招いて祝宴をはった。伏見城は家康の居城であり、幕府権力の西の出張所であった。

これに対して二条城は、武士勢力を代表する徳川氏が朝廷の権威と接触する、儀礼の場であった。

征夷大将軍とは、朝廷から「武家の棟梁《とうりよう》」として認められたことを象徴する地位だ。

つまり、いかに武家の権力が朝廷を凌駕《りようが》しようとも、征夷大将軍の地位や職責が問題になるときには、将軍である人も、将軍という概念も、ともにこの二条城にもどってくるほかはない。

将軍は、この二条城のほかでは生まれないからである。

家康の策略で建てられた二条城

十四代の徳川家茂《いえもち》が朝廷に呼びつけられ、長期にわたってここに縛りつけられたのも、最後の将軍慶喜《よしのぶ》がここで大政返上を告《つ》げたのも、二条城の役割が正確に発揮されたことを示している。

さて、二条城の正面の東大手門は二条通につづいている。城の前を南北に走る堀川《ほりかわ》通の広い印象も手伝って、二条通の印象は弱い。四条と三条は覚えているが、二条通の記憶はないよ、という人も多いだろう。平安京の二条大路の跡がそのまま二条通になったもので、平安京を南北につらぬくメインストリート朱雀《すざく》大路についで広いのが二条大路だった。

南北の中心が朱雀大路、東西の中心が二条大路だったのである。二条大路を東から進むと神泉苑の正面にぶつかる構図をイメージすれば、二条大路の重要さを想像していただけるだろう。

この二条通に沿ったあたりは応仁・文明の戦乱で荒れ果て、人家もまれの空き地になって、あたかも上京と下京との境の役割を果たしていた。

豊臣秀吉の市街整備がはじまると、足利氏の遺臣の二人が連名で秀吉の許可を得て、「二条柳町の遊廓」をつくって営業をはじめたという。

平安京の東西の大路から、荒れ果てた原っぱへ、そしてこんどは遊女町へと、二条大路のたどった変転も激しいが、昨日までは足利氏の遺臣、今日からは遊女屋の経営者に変身した原と林という二人も、戦国ならではの転変の激しさだ。

この二条柳町の遊廓は京極《きょうごく》通（いまの寺町《てらまち》通）に接していて、北から南へ一直線のお寺のパレードだ。遊廓のすぐ東には法華宗本山寺院のひとつ、妙満寺《みょうまんじ》がデーンとかまえていたはずだ。

聖と俗の同居を拒否した家康

お寺と遊廓が隣り合わせ――「聖と俗とは背中合わせ」という言葉を絵に描いたような具合になった。

秀吉政権の楽しいアイマイサというものが如実に示されているようでもある。京極通の賑《にぎ》わいとは、つまりはそうした聖と俗との背中合わせのなかから生まれたものだ。

時が移り、舞台が代わって家康が二条城をつくると、二条通が大手筋になる。

家康は根っこから葉っぱの先まで武士である。実るのも武士、咲くのも武士でなくては気に入らない。

秀吉のように、大手筋の真ん中に遊廓があるのも悪くはないかといった、楽しいアイマイサは薬にするほども持ち合わせない。

なにがなんでも遊廓がキライというのではないが、大手筋の真ん中に遊廓があって、朝から晩までドンチャン騒いでいては困るというわけで、下京の六条柳《やなぎ》町に遊廓を移して、いかにも武士の城にふさわしい大手筋にし、商人を勧誘した。

二条通が寺町通と交わるところで、ほんの少し南にさがってから東に向かう形になっていること、ここが広場の感じになっているのに気づいた人がいるだろうか。

明治二十八年の第四回内国勧業博覧会は京都で開かれ、会場の岡崎《おかざき》と二条寺町とのあいだに電車が走った。この広場は、電車発着のために拡張された跡なのである。

二条通を、寺町通から河原町通を横切ってすすむと二条木屋《きや》町になる。

二条木屋町といえば——？

高瀬《たかせ》川である。

角倉了以《すみのくらりようい》が高瀬川の起点を二条木屋町とした意味は、二条城から二条通を歩いてくることによって、すんなりと了解できる。

二条通は、この二条木屋町から高瀬川の水路になって伏見から淀《よど》へ、そして大阪湾につながる。

二条通と高瀬川がつくるL字形のルートこそ、豊臣秀頼の大坂城をやっつける、徳川の軍事ルートになったのだ（高瀬川については16章参照）。

二条木屋町の角に立つ。

西から聞こえてくるのは、二条城の参謀本部で大坂城攻撃の戦術を練る家康の鼻息だ。

そして南からは、滅亡の予感におびえる秀頼の溜め息が聞こえてくる。

7章

なぜ幕府は、二つの離宮《りきゅう》を造ったのか

――桂《かつら》離宮と修学院《しゅがくいん》離宮、隠された皇族の悲劇

【この章に登場する主な史跡】

海中の島のごとく建つ桂離宮

修学院離宮《しゅがくいんりきゅう》といえば、桂離宮が連想される。

どちらも宮内庁《くないちょう》京都事務所の管轄《かんかつ》になっていて、手続きがちょっと面倒だから、参観した人はそんなに多くはないだろう。

面倒をいとわず、どうか参観申し込みをしてくださいと言っておいて、まずはさて、二つの離宮の所在を地図で確認していただきましょう。

「フーン。桂は西南、修学院は東北の対角線の位置関係になっているんだな」

これは初歩段階の発見だ。

「なんだ、これは！　桂には、離宮のほかには何にもないじゃないか」

これなのです、わたしが待っていた発見というのは。

桂というところには、いわゆる歴史上の有名な施設が、桂離宮のほかには何もない。

その桂に、なぜ離宮がつくられたのか？

修学院離宮のほうは、なんと言うか、すんなりと納得できる。ここに離宮がなくては話にならないという感じでもあるし、詩仙堂《しせんどう》から狸谷《たぬきだに》不動院、曼殊院《まんしゅいん》や鷺森《さぎのもり》神社にいたる史蹟ラインに終止符を打つ存在感がある。

そこでまた、桂離宮と修学院離宮とのあいだには、何か深い因縁のようなものがあるのではないか、といった謎も浮かんでくる。

謎また謎の、ダブル攻撃である。挑戦してみる価値はある。

淀君《よどぎみ》の鶴松《つるまつ》出産で疎外された男

先にできたのは桂離宮である。

どういう事情から離宮がつくられることになったのか、調べていくと、なんと意外なことに、豊臣秀吉に子供ができなかったからだ。桂離宮は、秀吉の子供の代わりに出現したともいえる。

天正十六年（一五八八）、秀吉は後陽成《ごようぜい》天皇の異母弟で、九歳の胡佐丸《こさまる》を養子として迎えいれた。

秀吉は五十二歳、関白で太政大臣という栄誉に輝いているものの、世を譲るべき実子にめぐまれない。まわりにはたくさんの女性をはべらせているのに、誰も

桂離宮《かつらりきゅう》はなぜこの地に建てられたのか

秀吉の子を産まないのである。

そこで、天皇の弟を養子に迎えて後継者に育てる計画を立てたわけだ。身分は申し分なく、皇位につく可能性が薄いのもかえって好都合だ。

そのうえにこの胡佐丸という人は、神童という言葉を絵に描いたような秀才だった。

秀才ぶりの一端を紹介すれば、和歌の学問に精進《しょうじん》し、ついには皇族としてははじめて細川幽斎《ほそかわゆうさい》から「古今伝授《こきんでんじゅ》」を許されたほどだ。

古今和歌集に関する総合的な研究を「古今伝授」というのだが、師から弟子への伝承は厳しく、身分や家柄では絶対に左右されない。

ところで、養子の候補者はほかにもあったはずだ。その中から秀吉が、「学問・文化」に重点をおいて胡佐丸を選んだことには興味を惹《ひ》かれる。

「秀吉の、コンプレックスにすぎないよ」

こう言ってしまっては身も蓋《ふた》もない。コンプレックスがなかったとは言わないが、といって秀吉のやることなすこと、すべてをコンプレックスで割りきっていいはずはない。

わが亡きあとの政権の内容について、秀吉ははっきりとした構想を持っていた。伝統に裏打ちされるが、伝統に溺《おぼ》れず、学問尊重の立場から政策を打ち出し、遂行できる政権ということだ。具体的には皇室の学問・文化と武士のパワーの合体政権である。

胡佐丸が秀吉の養子になってから一年のあいだは、そういう意味でじつに面白い展望がひらけていた。

ところが、一年後に事件が起こる。

天正十七年五月二十七日、山城《やましろ》の淀《よど》城で淀君が男子を産み、鶴松と名づけられた。まもなく大坂に移り、すこやかに成長している。

翌年、秀吉は養子縁組を解消し、胡佐丸に親王宣下《せんげ》を受けて智仁《としひと》親王とし、智仁親王を当主として新しく八条《はちじょうのみや》宮家を創設した。

飛ぶ鳥を落とす勢いの秀吉である。養子縁組を解消し、後は知らん顔でも表向きに文句を言う者はいない。

にもかかわらず秀吉は胡佐丸を親王にし、宮家まで創設した。

なぜ、こんな手間と暇とカネをかけたのだろうか?

宮家というものは皇室の分家なのだが、八条宮家に関するかぎり、智仁親王が何を、どう言うかは秀吉の意のままになる。しかもその八条宮家には秀吉の後押しがあるから、いくつかある宮家のうちで最強の発言権を持つのである。

秀吉にとって、胡佐丸の養父でいるよりは、八条宮家を通じて皇室を手玉に取るほうがはるかに有利なのだ。

つまり、鶴松の誕生で秀吉の新政権構想は後戻りした、と見るのは正しくない。公武合体政権の構想はますます前進している。十歳違いの智仁親王と鶴松が仲むつまじく手を取り合い、それまでの日本に見られなかったタイプの政治を運営していく日々を夢みる秀吉であったはずだ。

月を愛《め》で花を感じる桂の地

八条宮の領地は丹波《たんば》・山城《やましろ》・宇治《うじ》に分散していたという。山城の領地のなかに桂が含まれていたのかどうか、確かなことを知らないのだが、和歌の道に精進《しょうじん》していた智仁親王である、

「桂に別荘を持ちたい。いや、わたしの所有でなくともいい、気軽に出かけていって休めるところなら……」

親王の望みが秀吉の耳に入り、そんなことならお安い御用とばかりに手頃な別

荘を世話した——確証はないのだが、そんな場面を想像してみたい。

というのは、本格的に和歌を学ぶ人にとって桂はいわば「本場」なのである。桂は観月の名所であった。「月の桂」というように、「桂」は「月」の枕詞《まくらことば》になっていた。藤原道長《ふじわらのみちなが》の「桂山荘」をはじめ、王朝貴族の別荘の多くが桂につくられ、『源氏物語』の光源氏《ひかるげんじ》も桂に遊んだことがある。

『古今和歌集』や『源氏物語』の研究を生涯の使命とする親王にとっては、桂に足を運んで月を愛で、花を感じるのは神聖で重い任務なのだ。

桂といえばまた、秀吉としても見逃せない場所だ。京都市内から来て右に曲がれば老ノ坂《おいのさか》をへて丹波亀岡《たんばかめおか》に出る、まっすぐ西下すれば山崎《やまざき》をへて大坂へ行く、左にまわると伏見鳥羽《ふしみとば》になる。

つまり桂は、京都の西南を扼《やく》す交通と防衛の要《かなめ》なのだ。攻撃的な姿勢を露骨にせず、しかし信頼できる人の存在によって守りたい——八条宮智仁親王こそ最もふさわしい人だった。

秀吉没後九年の慶長十二年（一六〇七）、下桂《しもかつら》村が八条宮家の所領となった。これから本格的な離宮造営がはじまったとされる。しかしわたしは、それより前から秀吉と秀頼《ひでより》親子の協力で、ささやかながら別荘のようなものがつくられていたのではなかろうか、と推測する。

離宮建築に隠された謀略

豊臣家が八条宮家の育成に汗を流したのに対して、ライバルで後継者の徳川家は何をしたか?

結論から先に言うと、皇族や貴族の仕事を「学問と芸能だけ」に押し込め、政治から完全に遠ざけた。それが桂離宮と修学院離宮の造営になって形を残したのである。

徳川幕府は、豊臣政権が目指した政治の匂いを消すことに力をそそいだ。「秀吉のおかげで、皇室はまるで王政復古になるかのような夢をみている。この夢を覚まさなくてはならん!」

こういうわけだ。

といって、あからさまに皇室を軽蔑するわけにはいかないので、「厄介《やっかい》な政治のことなど、幕府におまかせくださ い。どうか気兼ねなさらず、学問や芸能に熱中なさってください」という姿勢をとった。

修学院《しゆがくいん》離宮は悲劇の円照寺《えんしようじ》跡に建てられた

そこで何をしたかというと、八条宮智仁親王をそそのかした。

「殿下にふさわしく、桂に豪華な離宮をつくろうではありませんか」

幕府からも予算は出したが、基本は秀吉が寄進した八条宮家の運営基金である。オーバーに言えば、八条宮家の財政を裸にしてしまい、その先は幕府に頼らざるをえないようにする、ということだ。

親王は幕府の真意に気づいたのだろうか？

その点について断言はできないが、親王に錯覚があったかもしれない、とは言える。

自分の予想をはるかに超えて豪華で格調の高い離宮がつくられるのを見るうちに、

「秀吉こそと思っていたが、徳川のほうがわたしの気持ちをよく理解しているらしいな」

こう思い直したのなら、それは親王の錯覚だった。

桂離宮の素晴らしさについては、実際に自分の目でご覧になるか、写真集で眺めていただくとして、幕府の力の入れ方ときたら常軌を逸《いっ》していた。

南禅寺《なんぜんじ》の金地院崇伝《こんちいんすうでん》は、黒衣《こくえ》の宰相《さいしょう》といわれて宗教界の恐怖の的になった人で、「俺は洛外へは一歩も足を出さない」と威張っていた。

その崇伝が、洛外も洛外、桂川の向こう岸の桂離宮にだけは何度も足を運んで「桂別業《べつぎょう》八景」を選定し、ひとつひとつに詩を捧《ささ》げている。

親王が錯覚から目覚めないようにという、高度な政治的配慮があった。ワイワイと大袈裟《おおげさ》に騒ぎたてることで、親王の気持ちを「離宮建築」に集中させ、政治や秀吉のことを忘れさせようという作戦だった。

作戦は成功した。成功のしるしが豪華な桂離宮の姿なのである。

後水尾《ごみずのお》天皇が味わわされた屈辱

智仁親王の甥《おい》の政仁《ことひと》親王が即位して後水尾天皇になった。慶長十六年（一六一一）のことだ。

先の後陽成天皇は八条宮智仁親王を皇位につけたかったのだが、一度は豊臣秀吉の養子になった親王である、幕府は頑《がん》として承知しない。そこで、智仁親王の甥の政仁親王が皇位につくことで妥協が成った。

その即位の五年目に徳川家康は豊臣秀頼を滅ぼし、すぐさま後水尾天皇に「禁《きん》中並公家諸法度《ちゅうならびにくげしょはっと》」を突きつける。

第一条に「天皇の仕事の第一は学問である」と定めたこの法度が、言外に「政治のことにいっさい手を出してはならん」と言っているのはもちろんだ。

秀吉が希望を託した智仁親王には桂離宮を与えて口を封じ、手をしばった。次は新しい天皇をなんとかしなくてはならん——これが幕府の肚《はら》だ。

後水尾天皇も、はじめのうちはことごとに反抗し、最後の手段である「譲位」を何度か口にした。

天皇は四辻公遠《よつつじきんとお》の娘のお世津《よつ》御寮人を寵愛《ちょうあい》していて、皇子と皇女をひとりずつ産んでいた。

徳川秀忠《ひでただ》の娘の和子《かずこ》が入内《じゅだい》する話が具体化したとき、お世津御寮人や皇子皇女のことが表沙汰になり、怒った幕府は和子入内を延期した。

天皇に愛人や子供がいても、それ自体はケシカランことでもなんでもない。それなのになぜ幕府が怒ったのかというと、天皇と和子のあいだに生まれる子供を次の天皇にして、秀忠が天皇の外祖父になる計画を立てていたからだ。

「徳川和子を迎えるのを承知したからには、和子が産む子のほかは天皇にしないのはわかりきった話。わたしの行ないに文句があるなら……」

天皇はここで最初の譲位を口にした。

幕府としても一度まとまった縁談を破談にするほどの覚悟はできないから、天皇の品行が悪い責任は近臣にある、として数人の公家《くげ》を処罰して体裁《ていさい》をつくろい、和子入内にこぎつけた。

「近臣に罪ありというなら、結局わたしの罪になるではないか」

ここで二度目の譲位表明。

幕府側では藤堂高虎《とうどうたかとら》、朝廷では近衛信尋《このえのぶひろ》や智仁親王が必死になだめて譲位をおもいとどまらせた。この時期、智仁親王の桂離宮建築が槌《つち》音たかく進行中だったことを思い出しておきたい。

和子が皇女を産み、これで静かになるかと思われた寛永四年（一六二七）、大事件が起きる。

重要寺院の住職には天皇から称号と紫衣《しえ》が与えられるのだが、幕府は「ちかごろ乱発の傾向あり」と非難して、元和《げんな》以降の紫衣勅許《ちょっきょ》を取り消すと決定したのである。

面目まるつぶれの天皇は、語気も荒く「譲位する！」と言った。大徳寺《だいとくじ》の沢庵《たくあん》などが激しく抗議し、流罪《るざい》にされたのもこのときである。

天皇の決意は固い。しかし、和子はまだ皇子を産んでいない。

幕府が手を尽くして譲位断念をはかるうち、三代将軍家光《いえみつ》の乳母の春日局《かすがのつぼね》が拝謁を強要するという、これ以上はない屈辱を味わわされた天皇は突如として譲位を決行した。

何も知らない幕府は狼狽したが、和子の産んだ女一宮《おんないちのみや》が明正《めいしょう》女帝として即位したので、「まあ、いいか」ということで落ち着いた。男でも女でも、徳川秀忠が明正天皇の外祖父になることに変わりはない。

〝修学院離宮〟造営に対する残酷な条件

後水尾天皇は上皇になり、五十一年という記録的な長期にわたって院政をしく。

しかし、その五十一年間、上皇としてというよりは、修学院離宮の主《あるじ》として生きたというほうが真実に近いだろう。

桂離宮とおなじように、修学院離宮の庭園構成の美と豪華について詳しく紹介する余裕はない。専門の書物や写真集がたくさん出ているので、それをご覧になっていただく。

それはそれとして、『京都の謎・戦国編』としては、何を謎として修学院に挑むべきであるか？

修学院がつくられた場所である——なぜ修学院はここにつくられたのであるか？

修学院という地名は古い。十一世紀のはじめ、比叡山延暦寺《ひえいざんえんりやくじ》の里坊《さとぼう》のひとつがつくられ、修学院あるいは修学寺と呼ばれたのが始まりだ。

後水尾上皇は幕府に対して、「別荘がほしい」と要求した。老中の酒井忠勝《さかいただかつ》にあてて要求を表明した手紙には、脅迫にも近い調子の言葉がつらねてある。

「仙洞《せんとう》御所に閉じこもっていると、鬱陶《うっとう》しくて病気になりそうだ。それは医者も申している」

「行幸《ぎょうこう》すればいいというのだろうが、あんな大袈裟なことは、かえって気が疲れる」

「御所の外へ出るといっても、わたしが後醍醐《ごだいご》天皇のように反乱を起こす恐れがある、などと心配することはない」

要するに、「気軽に外出したい。正式な行幸となるとお互いに面倒だから、離宮をつくってもらい、わたしの責任で自由に往来するのが最上の案だと思う」ということだった。

さて、幕府はどうするか？

朝廷が幕府に反抗する恐れは、まったくない。だから、上皇の要求なんか無視してもかまわなかった。

だが、徳川将軍の地位は朝廷から委任されたという建前でやっているので、知らん顔もできない。

「この条件を承知なさるのなら離宮を建ててさしあげる、嫌だとおっしゃるなら、それまでということに……」

残酷なプランを出した者がいたにちがいないのだが、それが誰か、わからない。南禅寺の金地院崇伝のやりかたに似ている気がするが、確かめる手はない。

その残酷な条件というのは、

「離宮を建ててさしあげましょう。ただし、場所は円照寺《えんしょうじ》の跡にかぎります。それがお嫌だとおっしゃるなら……」

「なにっ。円照寺というのか。それは、あんまり……」

「むごい」という言葉が上皇の口まで出かかり、言葉にならずに引っ込んだ。

桂離宮につながる桂大橋

円照寺とは何か？

お世津御寮人の産んだ皇女の梅宮《うめのみや》は徳川和子の入内にさいして邪魔者扱いされ、皇女として宮中で生きるのが困難になった。髪をおろして出家し、修学院に草庵をいとなんだ。それが円照寺なのである。

幕府に建ててもらう離宮で自由で優雅な王者の振る舞いを展開したいという欲望と、不幸な人生に追い込まれた娘に寄せる肉親の愛情と、上皇はどちらを大事にするか、とっくりと見物させていただこう――この幕府の態度を「むごい」と言わずに、何と言えばいいのか？

上皇としては、ひるむわけにはいかなかったのだと思う。幕府の残酷な挑戦を受けて立ち、円照寺を取り払ったあとに離宮を建てた。

修学院の地が選定された経過については、上皇があくまで自分の好みを貫徹した結果だとする資料がたくさんある。

当時の事情を考えてみれば、ことはそんなに簡単ではなかったはずだ。だから、資料をそのままには信じられないのである。

8章

なぜ〝西陣〟があって〝東陣〟がないのか

——応仁《おうにん》の乱に端を発した織物の町の謎

【この章に登場する主な史跡】

西陣《にしじん》の町全体が一つの工場

西陣でつくられる織物だから西陣織だ。

しかし、「西陣織を織っている工場を教えてください」と言われたら、頭をかかえてしまう。

西陣を歩いていると、ガッチャンガッチャンという機《はた》の音がする。この音をたずねていけば、たしかにそこでは帯や着尺が織られている。

では、その隣の、なんの音もたてていない店は何をしているかというと、これもまた西陣織の関係業者なのである。しかし西陣織を織っている機屋ではない。

機屋だけでは西陣織は織れない、そもそも西陣織の神髄は——ということから理解してほしいと思うと、どうしても厄介《やっかい》で、頭をかかえる始末になる。

帯なり着尺《きじゃく》なり、一本の西陣織ができあがるまでには、どう少なく見積もっても十四の段階を通過する。

それぞれの段階ごとに専門の業者がいて、独立した店なり工場なりを持っている。最終的には機屋で織られるから機屋が「西陣織の業者」みたいに見えるが、それぞれの段階ごとの業者もすべて「西陣織の業者」なのだ。

簡単に言うと、各段階ごとの製品が西陣の町のなかを行ったり来たりしているうちに最終製品として完成する、という仕組みになっている。西陣全体を大規模工場にたとえるならば、段階ごとの業種の店は「××部門」であるというわけだ。

段階ごとの業者は一軒ではなく、複数だ。ある店がつぶれても西陣全体には影響しないという、危険分散の効果がある。西陣の歴史では何度も深刻な危機があったけれども、危機をくぐりぬけるたびに現在のような段階分業システムが根づいてきたと言えそうだ。

「えーと、お宅は……？」

「はあ、色見本《いろみほん》やってます」

「あ、そうでしたな」

よその人にはちょっとわからない会話だろうが、つまり西陣には、原料糸の染め見本をもつだけの業種がある。糸をつかう別の業者は、色見本屋から見本を借りて、「このような色具合に」と指示して糸染屋に染めさせる。

じつに細かい。

西陣織を生み出す西陣の街並

その細かさは、日常の暮らしにおける京都人の濃《こま》やかな神経と無関係ではなかろう。たとえば、他人の生業《なりわい》には口を出さない、出させない、といったことにも通じる。

西陣があるなら東陣もあるだろうと思うと、これが、ない。

むかしは東陣と西陣があったが、いまは東陣はなくなって西陣だけになった、というのとも違う。東陣という地名はなかったと断定してしまっていいだろう。

それなのに、なぜ西陣があるのか——当然の疑問だ。

応仁の乱が〝西陣〟の名付け親

話は文正《ぶんしょう》二年（一四六七）にさかのぼる。京都は重苦しい雰囲気のうちに正月をむかえた。大名のあいだのさまざまの対立はついに、かたや細川勝元《ほそかわかつもと》、かたや山名宗全《やまなそうぜん》を頭とする二大陣営の対立に発展した。いつ合戦になっても不思議ではない。

室町幕府管領《かんれい》は畠山政長《はたけやままさなが》で、これは細川方である。例年正月二日には将軍が管領の屋敷を訪問するしきたりがあるが、当日になって中止された。それなのに、政長の宿敵で山名方の畠山義就《よしなり》が将軍義政《よしまさ》に謁見《えっけん》するという変則的な事件が起こった。

さらに義就は、宗全の屋敷に義政や弟の義視《よしみ》をまねいて盛大な祝宴を張り、この席で義政から「政長の屋敷を奪ってよろしい」という許可をうけたのだ。踏んだり蹴ったりの政長は、もうやぶれかぶれ、細川勝元の後援を頼みとして、邸宅没収拒否を通告した。義政はすかさず政長の管領職を罷免《ひめん》して、山名方の斯波義廉《しばよしかど》に替え、細川勝元に対して、「政長を支援してはならぬ」と命令した。

将軍義政の裏にはもちろん宗全の、勝元を挑発してやろうという作戦があった。しかし勝元も一方の大将になる器量人、その手にはのらず、動こうとはしない。

しびれをきらした政長は正月十八日の雪の朝、上御霊《かみごりょう》神社の森に陣をかまえた。それを待っていた義就は、宗全や義廉からの援軍を加えた大軍で上御霊の森へ攻めよせ、戦闘になった。

「窮鼠《きゅうそ》、猫を嚙む」という諺《ことわざ》がある。追いつめられ、まさに「窮鼠」の勢いで立ち上がった政長ではあったが、多勢に無勢、「猫を嚙む」わけにはいかず、翌十九日の早朝に御霊の森からいずこへか退散していった。

大規模な戦闘になるかと京の人はおそれ、朝廷は兵火回避の願いをこめて「応《おう》仁《にん》」と改元した。去年の二月に文正としたばかりだから、いかに朝廷が大戦争勃発を恐怖していたかがわかる。

二月から四月までは何事もなく過ぎたので、人々が安堵《あんど》の胸をなでおろしたのもつかのま、細川方の大名がぞくぞくと京都にあつまってきて、将軍義政の対決中止の命令も、義視が自分から両者のもとへ出向いての説得も跳ねかえされ、五月になって両軍の陣がまえがはじまった。

山名方は堀川《ほりかわ》通の西にあった宗全の館《やかた》を中心とする区域に九万の兵、細川方は花の御所から北につづく勝元邸や義視邸の区域に十六万の大軍が集結した。

五月の二十四日、細川軍の先制攻撃によってあしかけ十一年にわたる応仁の乱となる。細川勝元の軍を東軍、山名宗全の軍を西軍と言って区別することになった。

西軍の陣地のあったあたりを西陣と言ったのがいまの西陣の地名の由来なのだが、東軍の陣地のあたりも東陣と言ったはずなのに東陣の地名は残っていない。

なぜなのか？

西軍の陣の大将だった山《やま》名《な》宗全《そうぜん》屋敷跡

始まりは役人のアルバイトだった

地図で見ると、東軍の陣地と西軍の陣地は意外に接近していた。おおざっぱに言えば西軍は堀川通、東軍は室町通だから、歩いても五分とはかからない。京都の市内バスは停留所の間隔が短いことで有名らしいが、堀川と室町とのあいだにはバスの停留所はたったひとつしかない。こんな短い距離で東軍と西軍が陣をかまえていたのは、滑稽な感じさえする。

なぜこんなことになったのかというと、平安京の外で、しかも幕府の花の御所からあまり離れていないという二条件を満たすこのあたりに大名の京屋敷が集中していて、その大名を二分して戦われたのが応仁の乱だったからだ。

目と鼻の先の敵と敵とが戦う――京都の市部のほとんどが焼けてしまった原因でもあり、十一年もの長期にわたって戦闘がつづいた理由でもある。

つまり本部は目と鼻の先にあっても、実際の勢力はそれぞれの大名の本国にある。だから、敵の本部に攻め込んで勝ったといっても、それでは最終的な勝利にはならないのだ。

大使館と大使館とが戦っているようなものだ。大使館を焼き打ちしても、その国に勝ったことにはならないし、大使館など、焼かれてもすぐに再建できる。だからきりがつかなかった。

応仁の乱は、どちらが勝ったとも言えない状況のうちに終わり、大名たちは自分の領国の支配権を確固たるものにするため、それぞれ帰国していった。

大名たちが帰った後の京都は一面の焼け野が原だ。雲雀《ひばり》の声だけが元気よく聞こえたという。

さて、そのころはまだ、西陣とともに東陣という通称はあったのだろうと思う。十一年は短い時間ではないから、西陣という通称が根づいたからには、東陣が根づかないはずはない。

だが、東陣という通称は口にのぼることがなくなり、西陣だけが威勢よく言われるようになった。古い西陣を新しい西陣に育てる新しい息吹が起こったからである。

それが何かというと、西陣織だ。

京都の織物の歴史は、太秦《うずまさ》を開発した秦《はた》氏が外国から持ってきた技術だといわれる。秦氏の来日以前、このあたりに住んでいた人――原・京都人と言っておこう――が織物を知らなかったはずはないから、秦氏が伝えた織物技術は在来のものよりも高級な技術だったといえる。

七九四年の平安遷都にともない、宮廷の織部司《おりべのつかさ》も京都に移ってきた。織部司は大蔵省に所属する役所で、綾《あや》・錦《にしき》・羅《ら》・紬《つむぎ》などを織り、また染色の仕事もしていた。皇族や貴族のための衣服を製作していたが、民間に織りや染色の技術を伝えるため、諸国に技術者が派遣されることもあった。

秦氏と織部司の技術が合体して、京都の織りや染めは奈良時代より一段の飛躍をとげたにちがいない。

織部司の職人は織部町（織手町）にまとまって住んでいた。この織部町はいまの猪熊《いのくま》通下長者町の西北の一帯だったという。皇族や貴族の衣服、儀式用の高級織物をつくるのが公務だが、そのほかに、いまのアルバイトのようなこともやっていた。

「上の人に見つかると、困るんですよ……」

「なーに。文句を言う奴には、俺の名を出せばいい。おそれいって、引っ込むよ」

「それはまあ、そうでしょうが。とにかく、あとでゴタゴタするのが、いちばん困るんですよ」

公務として織る織物や染物には、いろいろとやかましい規格がある。規格どおりにやっていればいいわけだが、それでは満足できない技術者精神というものがある。

「いつか、言ってたね。唐渡りの新しい糸を使って織ってみたいものがある、と」

「ちょっとした夢、というやつですよ」

「その糸、欲しくはないかね？」

「と言っても……おや、まさか！」

「その、まさか、さ。俺の希望をきいてくれれば、その唐渡りの糸を提供できるんだがね……」

「やりますッ、やらせてください！」

こんなこともあったろう。

公営機関が独占すると、技術の発展に壁ができる。その壁を突きやぶるのは、いつの時代でも民間の力なのである。

職人と貴族の疎開先での出会い

しかし、織部司は長くはつづかなかった。律令がくずれてしまうと、やかましい規格は無視され、織部司そのものの存在が意味を失ってしまったのだ。織部司が事実上廃止になると、職人は仕事を失ってしまう。しかし、技術を持つ者なら仕事に困らないのはいつの時代も同じこと、彼らは織部町のすぐ東の大舎人《おおとねり》町に移り住んで、百パーセント民営の織物業をはじめたのである。平安の末期から鎌倉にかかるころだ。

このあたりで井戸を掘ると良質の水が得られること、堀《ほり》川のすぐ近くであることに注目しておきたい。染色はもちろんのこと、織物にも良質な水は欠くことができない。

バラバラでは弱いから、業界組織として「大舎人座」という座を組んだ。各種の工芸人が座を組んで業界の自衛とするのは、この時期の特徴である。

それぞれの座には「本所《ほんじょ》」がある。有力な貴族や寺社に本所になってもらい、本所を通じて宮廷につながり、業界の保護を得る。大舎人座の本所は万里小路《までのこうじ》家であった。

大舎人座の織物は「大舎人綾《あや》」と言われる高級な綾織物が主で、地方への販路もひらけていった。

そこへ応仁の乱が勃発した。織物を織っている状況ではないし、織ったところで売れる状況でもない。優秀な技術者たちは、つぎつぎと和泉《いずみ》の堺《さかい》めざして逃げていった。

これが「結果オーライ」になった。というのは、当時の堺には同じく戦乱を避けてきた貴族が多く、本来ならありえない織物技術者と貴族との、非常時ならではの交流が起こった。織物技術者たちは貴族の生活に触れることで、織物や染色の新しいセンスを身につけることができた。

それからまた当時の堺は日明《にちみん》貿易のセンターだったから、輸入されたばかりの新しい唐織《からおり》をたくさん見ることができた。

応仁の乱が終わり、貴族と大陸の文化を吸収して京にもどる織物技術者には、豪華絢爛《けんらん》たる桃山《ももやま》文化の担《にな》い手となる前途が待っていたのである。

大舎人町――いまの葭《よし》屋《や》町通下長者町上ルの菊屋《きくや》町あたりが西陣織発祥の地である。ここから北と西の方向に展開していく。

〝東陣〟織は存在していた！

さて、今出川《いまでがわ》の新町《しん》を上がったところ、いまは同志社大学の新町キャンパスのあるあたり、ここに白雲《はくうん》という集落があり、「練貫織《ねりぬき》」という織物を織っていた。「新在家《しんざいけ》」というのが地名なのだが、純白の練貫織を織ることから白雲と言われるようになった。

新町通の東が室町通で、室町幕府の花の御所があったところだから室町通の名がついた——といえば、もうお分かりだろう——ここは応仁の乱のときの東軍の陣地だった。西陣にたいして「東陣」の地名があるとすれば、この区域のほかにはありえない。

それが、なぜ根づかなかったのか？

大舎人座の織手と同様、白雲の織手たちも戦乱を避けて地方に四散していったが、乱が終わるとともに戻ってきて、練貫織を再開した。白雲の練貫織の再開は、大舎人座の織物再開よりは早かったようだ。

もしこの時点で「東陣」の名が根づいていたとすれば、やがて「東陣織」という名称が生まれていたかもしれないわけだ。

わたくしたちは、「東陣」はともかく「東陣織」の名称は生まれなかった事実を知っている。そうすると白雲の織手たちが堺から戻った時点ではなく、それ以前の、応仁の乱の最中で考えることによって謎は解けるにちがいない。

まず、「西陣」に対して、「東陣」という言葉が強く意識されていなかったらしいと推測される。

細川勝元の東軍は花の御所周辺から相国寺《しょうこくじ》にかけて陣をかまえた。御所は幕府の建物、相国寺は将軍の菩提《ぼだい》寺で、ともに「公《おおやけ》」の性格のものだ。だから、「わざわざ陣をかまえた」といった印象は生まれなかったのだろう。

西軍の陣地は山名宗全の館を中心としたものだから、御所の「公」にたいして「私的なもの」という印象が強い。まさに「わざわざ陣をかまえた」感じがする。

東軍は御所周辺に陣をかまえたから官軍で、西陣は山名宗全の館周辺に陣をかまえたから賊軍だというわけではない。どちらも官軍であり、どちらも賊軍だったのが応仁の乱だった。ただ、陣地の中心が公的なものと私的なものとの相違から東陣という言葉は意識されず、西陣は強く意識されたのではないか、そういうことを言いたいのである。

地名としての「西陣」は、おそくとも文明十九年（一四八七）には使われていた形跡があるそうだ。文明十九年といえば応仁の乱が終わって二年目だ。このころはやくも「西陣」という言葉は、たんなる「西軍の陣地」から成長して、「西軍の陣地がある区域」になっていた。陣地もあるが庶民の生活空間もある区域ということだ。

堀川通上立売《かみたちうり》をすこしさがったところが「山名町《やまなちょう》」である。つまりこのあたりが山名宗全の館の跡で、町名はここが西軍の陣地の中心だったことに由来している。

西北の角に「山名宗全屋敷跡」の石碑があり、少し西にはいるともうひとつの石碑がある。京都では八月の二十三日ごろ、子供のための「地蔵盆」が行なわれるが、山名町ではこの宗全の石碑も祭りの対象になる。

そのつぎに、白雲の織物はすでに通称を獲得していたこと、これが大きい。その通称とは「白雲」にほかならないのだが、純白の輝きゆえに白雲の名が付いたという事実は、練貫織がいかに消費者の高級志向にアピールしたかを物語っている。

いまや「西陣織」は高級織物の代名詞みたいになっているが、産物の名前としては、さて、どうだろうか？

西陣で織っているんだから西陣織——そのとおりにはちがいないものの、あんまりお手軽すぎる、というものではあるまいか？

輝くほどに白いから「白雲」、白雲の産地だから白雲村——このほうが上等、かつ上品ではあるまいか？

戦乱後に起こった織物戦争

応仁の乱の後から、西陣と白雲との激しい競争がはじまった。西陣が得意にしていた綾《あや》織を白雲でも織りだしたのが、競争を激化させたのだ。争いは幕府の裁決にもちこまれ、永正《えいしょう》十年（一五一三）になってようやく解決した。両者の独占分野を政治力で決めて、相互の侵略を罰することにしたわけだ。

西陣と白雲との競争は一応の解決をみたわけだが、よく考えると、これはあきらかに白雲に不利な結果となった。西陣の綾織の独占を崩そうとした白雲の挑戦が、幕府によって法的に否定されたことにほかならないのである。

このことに注目すると、幕府の裁決がでた永正十年が実質的な西陣織の誕生だと言っていいだろう。つまり西陣織の性格は「権力に保護された独占」ということに尽きる。

　このころはまだ西陣も練貫も座を結成していたはずだ。まもなく豊臣秀吉が楽座令を発したので座は解散したはずだが、西陣のうちの何軒かの織屋が、内蔵《くら》寮《りょう》の織手に任命されたという記録もあるそうだ。

　座は解散せざるをえなかったが、なんらかのかたちで権力との結びつきは保持していたい、そうでなければ不安だ、練貫織との競合に負けてしまうといった判断があってのことだろう。

　練貫織のほうの権力との関わりはよくわからないが、豊臣秀吉が保護政策をとったのはまちがいない。たとえば練貫織は天正十六年（一五八八）、白雲村の水質の悪いのを理由にいまの京都御所の蛤《はまぐり》御門のあたりに移転を願い、許可されている。これは秀吉の保護政策の結果であったろう。移転先を新在家町といい、以前の新在家町（白雲村）を元新在家町というようになった。

　以前の白雲村にも一部の織手は残っていて、両方で織物業をつづけていたが、しだいに織手が少なくなり、羽二重《はぶたえ》などの得意の分野さえ西陣で織られるようになった。これは永正十年の幕府の裁定には違反するが、その幕府はとっくの昔に滅んでいた。西陣織と練貫織との長年にわたる争いは、西陣の圧勝で終わったわけだ。江戸時代初期のことである。

9章

祇園祭《ぎおんまつり》の長刀《なぎなた》は、誰がつくったのか

——八坂《やさか》神社と張り合った刀鍛冶《かじ》たち

【この章に登場する主な史跡】

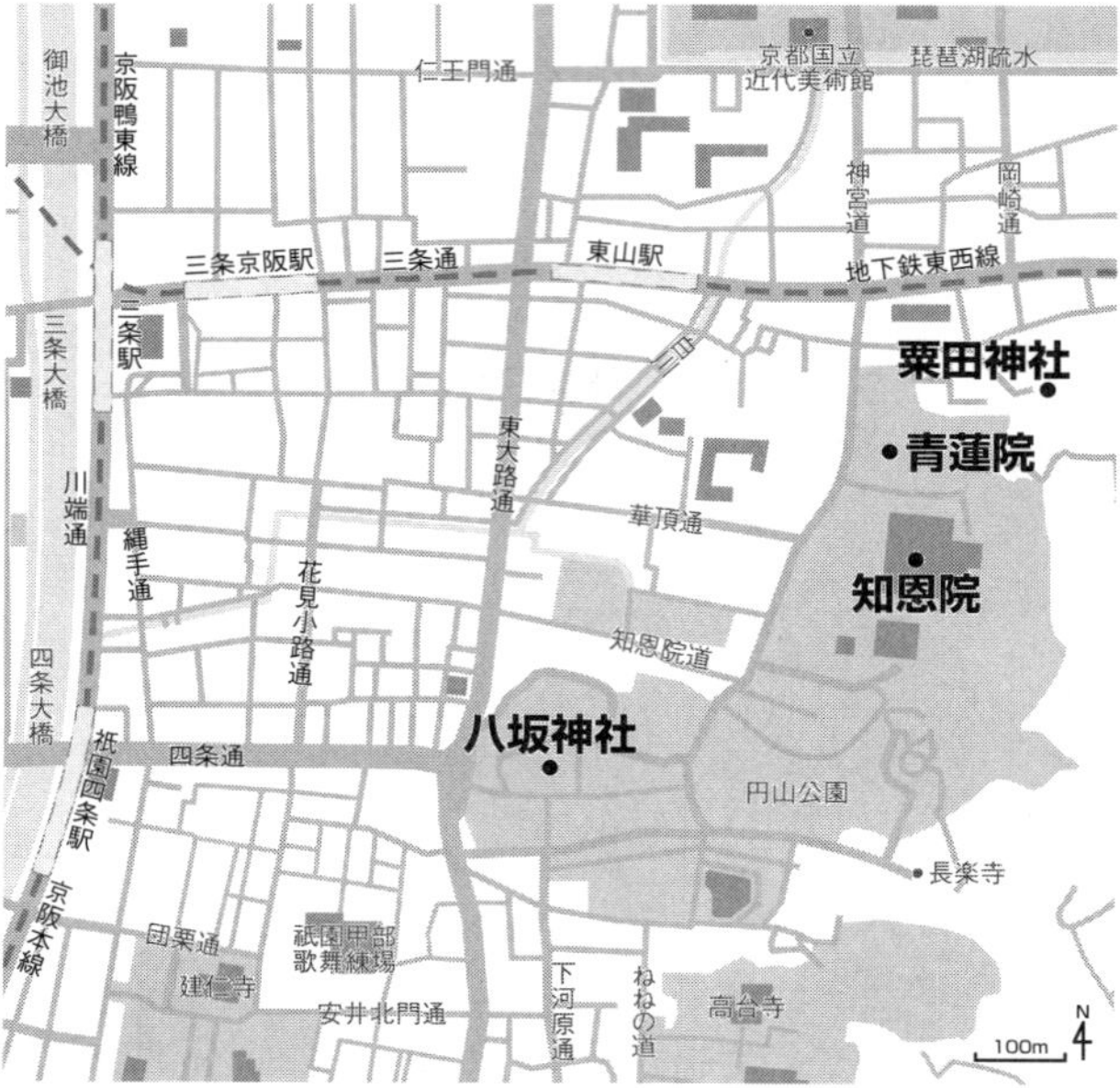

山鉾《やまぼこ》の上に飾られる長刀の意味

祇園祭《ぎおんまつり》の宵山《よいやま》（前夜祭）は七月十六日で、十七日が山鉾の巡行。

巡行の順序はクジで決めるが、長刀鉾は古くから「クジとらず」で先頭を進む特別の格式を認められていて、生稚児《いきちご》を乗せて進む。

長刀鉾の長刀は高いマストの上に取りつけられているから、あんまり長いようには見えない。

さて、この長刀は誰がつくったのか？

肉や骨を斬ることはないとわかってはいるものの、といって、形ばかり立派なナマクラ刀で済ませるわけにはいかない。

この刀は神聖なものとされ、都に災いをおよぼす邪気や疫病を斬りまくって退治する斬れ味を期待されているのだ。邪気というものが、どんな形、どんな色をしているのかわからないにしても、肉や骨よりは斬りにくいこともありうる、ナマクラでは役に立たない。

ところで、いまの長刀鉾の上に輝く長刀は本物ではなく、いわゆるレプリカ

（模型）である。レプリカといっても、古来のものそのままではないだけで、アルミニウムでつくったなんていうのではなく、刀剣としては本物だ。

本物は長刀鉾保存会に、長刀に彫ってある銘の拓本《たくほん》も各所に保存されているという。

それによると、天文五年（一五三六）に京都の法華宗《ほっけしゅう》が延暦寺《えんりゃくじ》や六角《ろっかく》氏と戦ってやぶれたとき、長刀も分捕られた。それを近江《おうみ》の石塔寺《いしとうじ》の麓《ふもと》に住む左衛門太郎助長という鍛冶《かじ》が買い取り、八坂《やさか》神社（祇園社）に寄進した、という。

この拓本は読みにくいものだそうだが、以上のほかに、「平安城住三条、大永《たいえい》二年六月三日」と読める部分があり、これは「京都の三条に住む（刀鍛冶が）大永二年六月三日につくった」と読むしかないだろう、ということになっている。
大永二年は一五二二年である。

推測を混じえて言うと、こういうことだろう。

近江の石塔寺の麓に住む左衛門太郎という鍛冶は、なんらかの理由で長刀の製作に関係していた。法華宗がやぶれ、長刀鉾の長刀が奪われたと聞いて、法華宗による京都の自治のためにも、自治のシンボルの長刀鉾の長刀のためにも、心をいためていた。

法華宗《ほつけしゆう》の長刀《なぎなた》は八坂《やさか》神社に寄進された

長刀の行方をさがしていると、一年ほどして行方がわかったので、あれこれ手をまわして長刀を買い取り、喜び勇んで八坂神社に寄進した――という次第であったろう。

長刀鉾は長刀鉾町のものだ。だから左衛門太郎としては、長刀を長刀鉾町に寄進すべきところだ。

しかし、法華宗の寺院は京都から追われていて、法華宗徒をリーダーとする町の自治機能は回復していない。いくらかは回復のきざしがあるとはいえ、そこへ長刀を寄進しても、また延暦寺などから無理難題をふっかけられれば抵抗できない。そう見込んでの八坂神社寄進となったのだろう。

自治のシンボルの祇園祭、祭りのシンボルの長刀だからこそ、政争の嵐に巻き込まれざるをえなかった。

鍛治工たちが住んだ粟田口《あわたぐち》

長刀鉾の長刀をつくったという「平安城、三条に住む」鍛治――これが「粟田口派鍛治」とか、「三条鍛治」とかいわれて、平安や鎌倉時代から名声を謳《うた》われた刀工の系譜なのである。

東海道の上りの最終コースが白川《しらかわ》を横切るあたりを「粟田口」という。いまでいえば都ホテルがあるあたり。白川から西は三条通になるので、「三条口」とか「大津《おおつ》口」の言い方もある。

大津からやって来て白川を渡る橋の左手前に石碑が立っていて、「是《これ》よりひだり――ちおんいん・ぎおん・きよみず」と読める。

現代の感覚では、東海道をバスでやって来ると、まず旅館かホテルでひとやすみ、汗を流してから、「それじゃまず、祇園に行きましょうか」となる。

この石碑が立ったころでは、「ここからまっすぐ知恩院や祇園、清水寺を見物して、それから京都に入りましょう」という感覚だった。

粟田口とは、そういうところだった。

京都への最終入口ではあるが、それだけではなく、白川の沿岸や東山一帯につながるターニングポイントでもあった。

この粟田口に、大和《やまと》から来た林国家《はやしくにいえ》という刀工の一族が住みついたのは平安末期のことだ。国家の孫に六人の兄弟があり、それぞれ傑出した技術の刀工として売り出した。

六人全部か、そのうちの何人かかはわからないが、後鳥羽《ごとば》上皇の「御番鍛冶《ごばんかじ》」のメンバーに加わったという。

平安京にも刀鍛冶はいたはずだが、それと拮抗《きっこう》しつつ、大和からやって来た林の一族が名声を高めていく過程である。

栗田口に住む人々のうちで林の一族が勢力をかためると、林の姓を捨て、「粟田口鍛冶」とか「三条鍛冶」と名乗るようになった。刀剣や各種刃物のブランドでもあり、業界の通称でもある。

さて、鍛冶としての勢力がかたまり、名声も広まる。そうなったときの彼らが深刻に不足を感じるものといったら、何であるか？

「われら自身の社《やしろ》がほしい！」

個人がバラバラに住むならともかく、一族がまとまって一定の場所に住んでいると、一族のレゾン・デートル（存在理由）が必要になってくる。粟田口一族が粟田口に住むことを歴史的に合理づけるもの、つまり神社である。

八坂神社と粟田神社の共通点

神宮道《じんぐうみち》と三条通の交差点から少し東の南側に、「粟田神社」と記した鳥居がある。

参道を上がっていくと、北向きの社殿の前に出る。北向きの社殿も珍しいが、すぐ目の下に京都市街を一望し、頭をまわすと比叡山《ひえいざん》も見える地点に立つのも、京都の人でさえめったには経験できないことだ。

粟田口一族がこの神社に注目し、関係した、そのこと自体についてはとくに言うことはない。このあたりに、ほかに適当なものはないからだ。

注目したいのは関係の仕方である。

結論から言うと粟田口一族は、この神社があたかも「刀剣の社」であるかのように手の込んだ演出をした。

もともとこの神社は粟田郷の産土神《うぶすながみ》（生まれた土地の守護神）であって、粟田口一族とも刀剣とも、なんの関係もなかった。

そこで、この神社の歴史由来について触れておくと、いちばん古い創建伝説は貞観《じょうがん》十八年（八七六）にさかのぼる。この年には京都に疫病がはやり、大己貴《おおなむちの》命《みこと》の神託によって神社がつくられたという。

貞観十八年といえば、祇園祭の起源の年とされる貞観十一年からわずかに七年後で、祇園社の創建とおなじ年である。

ここで、祇園祭がどのようにはじまったのか、あらためて整理しておこう。

貞観十一年、悪疫《あくえき》流行を退治するため、日本全国六十六カ国にならって六十六本の鉾《ほこ》をつくって牛頭天王《ごずてんのう》をまつり、これを神泉苑《しんせんえん》まで行列して送ったのが最初だとされる。

一度や二度の行事で疫病が退散するはずもなく、次の年も、またその次もというように悪疫退散の祭りが行なわれ、そのうちに、祭りの本舞台が神泉苑から祇園に移る。これが祇園社の成立だ。

そしてその年に粟田神社は創建されたと、最も古い伝承は言うのである。粟田神社と祇園とが深い関係にあるのを無視できない。

粟田郷と祇園とは隣接していることもあるが、それだけではない。この神社を粟田神社というのは明治になってからのことで、それまでは「感神院《かんじんいん》新宮」、または「粟田天王社」と言っていた。

刀鍛冶《かたなかじ》たちの社《やしろ》でもある粟田《あわた》神社

感神院――？

どこかで聞いた名前だなと思う人は、たぶん、本書の姉妹編『京都の謎・伝説編』で八坂神社のことをお読みになったのだろう。

八坂神社という名前も明治以降のもので、それまでは「祇園社」「祇園感神院」「祇園天神社」「牛頭天王社」などと呼んでいた。

共通項が二つあるから並べてみる。

八坂神社――「祇園感神院」「牛頭天王社」

粟田神社――「感神院新宮」「粟田（牛頭）天王社」

八坂をAとすれば粟田はAダッシュだということが、すぐにわかる。

だが、さて、問題はここからはじまる。

Aである八坂は気にもかけないだろうが、Aダッシュの粟田としては、いつまでもダッシュづきではいたくないという、焦りにも似た心理が働くはずだ。

すると、どうなるか？

祇園祭に対抗した粟田口祭

粟田神社は、鉾《ほこ》を持ち出したのである。

鉾は矛とも書き、長刀を原形にした、背の高い飾りものだ。「天空を突きぬく意志、願望」といった抽象的なデザインでもあるわけだろう。

伝承によると、青蓮院《しょうれんいん》の東の瓜《うり》畑から不思議な光が射して、粟田神社の建物を照らした。光の源《みなもと》をたずねると、一個の瓜のうえに「感神院新宮」の五文字をきざんだ扁額《へんがく》があったので、さっそく瓜の鉾をつくって祀った、というのが粟田口祭の起源だという。

さきにも書いたように、感神院とは祇園社のことで、瓜は祇園社の神紋だ。瓜のうえに「感神院新宮」の五文字が現われたのは、祇園社が粟田神社に対して、「これからは感神院の新宮として、祇園祭をやってよろしいぞ」と許可したことを意味するにほかならない。

粟田神社としてはAダッシュに甘んじるのを強制されただけだから、手放しでは喜べないが、しかしこれは、チャンスだ。

「鉾を立てて祭りをやっていいことになったんだ、すごいじゃないか！」

「といっても、祇園のダッシュだからなァ。つまらん」

「それがちがうんだ。鉾を立てるのを許可された——いいかね、鉾は瓜と限ったことではあるまい？」

「というと……？」

栗田の連中は、「鉾を立ててよろしい」という祇園からの許可をわざと誤解して、鉾のなかの鉾、つまり本物の刀に限りなく近い鉾を立てて独自の祭りを行なうようにした、というのがわたしの解釈だが、いかがでしょうか？

鉾のデザインについて、わざと誤解した背景には鍛冶たちの存在があったはずだ。

「祇園の鉾は、鉾といっても余所《よそ》からの借り物、または導入にすぎない。そこへいくと、こっちの鉾は天下の粟田口鍛冶が心をこめて鍛えあげた本物だ。祇園のニセモノに負けるはずがない！」

こういった次第で、粟田口祭の行列に十八本の鉾が高く掲げられるようになったのだと思う。一時は中断していた粟田口祭だが、いまは復活し、十月十四日の夜と十五日の昼に行なわれている。

謡曲「小鍛治《こかじ》」が意味するもの

粟田口派の鍛冶でもっとも有名な人は、「三条小鍛治」という名でも通る宗近《むねちか》である。

平安中期に活躍したというほかに宗近のくわしい生涯はわからないのだが、祇園祭の長刀鉾の長刀はこの宗近がつくったという説があり、多くの伝説につつまれる宗近のことを考えれば、こういう説が生まれるのは当然だ。

最初の長刀が三条小鍛冶宗近の作だとすれば、いまは秘蔵されていて実際には使われない長刀は二代目ということになる。

いっぽう相模《さがみ》の五郎入道政宗《まさむね》、越中《えっちゅう》の郷義弘《ごうのよしひろ》とならんで「三作」と称されるのが粟田口藤四郎こと吉光《よしみつ》である。

宗近と吉光——まず宗近をみてみよう。

小鍛冶宗近は『義経記《ぎけいき》』では源義経《みなもとのよしつね》の守刀を鍛《きた》えた鍛冶とされ、そのほかにも『本朝鍛冶考』や『尺素往来《せきそ》』『看聞御記《かんもんぎよき》』などの資料に登場してくるから、刀鍛冶イコール宗近となるほど強烈に認識されていたようだ。

しかし、宗近の名を後世にまでひろく伝えたのは、謡曲「小鍛冶《こかじ》」だった。謡曲「小鍛冶」の作者は不明とされているが、ストーリイを要約しておく。

——一条院の剣を打つことになった宗近は、ふさわしい相槌《あいづち》打ちを見つけられず、悩んだあげく、氏神の稲荷明神に祈った。すると一人の童子が現われ、「刀を打つ用意をせよ。その時が来たならば、相槌を務めてやろう」と言って、消え去った。宗近が注連縄《しめなわ》をめぐらせて準備を整えると稲荷明神が現われて相槌をつとめ、院の御剣はみごとに完成した。宗近が表に「小鍛冶宗近」、裏に「小狐」と銘をきざんだ剣を持って稲荷明神は、「いざ勅使に捧げん」と言い、稲荷の森めざして飛びさる。

刀剣というものの神秘性と稲荷明神の霊験《れいげん》と、ふたつのことをテーマにした謡曲で、わかりやすいところが大衆にうけたと思われる。

そこでさて、三条通の南側、粟田神社の鳥居の下に立って向かい側を見ると、これまた小さな鳥居が見える。

横断歩道をわたって行ってみれば、これがなんと「合槌稲荷《あいづちいなり》明神」、まさに至れり尽くせりの舞台装置だ。

合槌稲荷明神は、鳥居をくぐって民家のあいだを入った奥に、ひっそりと建て

粟田《あわた》神社前にある合槌稲荷《あいづちいなり》

られている。

謡曲史跡保存会が建てている説明板には、「宗近は信濃守《しなののかみ》粟田藤四郎と号し、粟田口三条に住んだので三条小鍛冶の名がある」となっていて、宗近と吉光とが同一人であるとする立場にたっている。

吉光については、「短刀の名手、作風は直刃の刃文、裏表に護摩箸《ごまはし》を彫り、無反り」(『京都大事典』)とされて実在性がはっきりしているのに対して、宗近のほうは、有名なわりには実在性にとぼしい。そこから同一人説が生まれたのだろう。

新たに建てられた刃物神社

同一人説があるなら同居説はどうかというと、これがあった。

粟田神社の参道の途中に摂社《せっしゃ》(本社に縁故の深い神を祀《まつ》った神社)の「鍛冶社」があり、これは宗近と吉光が同居していたとされる敷地の跡に建てられた、と説明されている。建築の印象からすると、これは新しいもののようだ。

とにかく、この粟田口から青蓮院、そして知恩院のあたりに多数の刀鍛冶や一般鍛冶が住んでいたのはまちがいない。

首都の京都ブランドの刀、刃物だということが室町末期から戦国時代にかけての大量の刀剣需要に拍車をかけた。長刀鉾は京都ブランド刀剣のショウ・ウィンドウであり、鉾の上に高く輝く長刀は実物見本であった。

神宮道を歩いて粟田神社から知恩院へ行くと、参道登り口の左手、「仏教大学発祥の地」の石碑の奥に、「三条小鍛冶の井戸」がある。

グループとしての三条鍛冶なのか、小鍛冶宗近のことなのか、そこは判然としないけれども、この井戸から水を汲《く》みあげて刀剣が鍛えられていた。名剣の鍛練に名水は不可欠なのだ。

知恩院から円山《まるやま》公園に入り、公園の北側に沿って四条通に向かうと、途中に「刃物神社」がある。祭神は「刃物大神」で、昭和四十八年、刃物関係業者が委員会をつくって建てた新しい神社だ。

「刃物大神の由来」と題した文章から、一部を引用させてもらう。

「京都は、平安の時代より明治維新に至るまで王城の地として栄え、その間、刀剣を始め刃物の製作に幾多の名工を輩出、刃物発祥の地として隆盛を極めてきました。

刃物の基礎はこの地の土壌に培《つちか》われ、またここで修業せし人びとをも各地に転出させ、その技術を源流として、それぞれ刃物産地の基盤を確立して現在に至っております」

10章

なぜ本願寺《ほんがんじ》は、東西に分かれたのか

——法然《ほうねん》と親鸞《しんらん》に始まった巨大両寺院の確執

【この章に登場する主な史跡】

なぜ東も西も「大谷《おおたに》さん」なのか

「大谷」といえば人の姓であり、地名でもあるが、京都の「大谷」はかなりヤヤコシイから、注意が必要だ。

京都の「大谷」はまずお墓であり、次に地名であり、そしてお寺でもあって、ときとして、「東西の、どちら？」の疑問を内蔵している。

「そろそろお彼岸《ひがん》ですな。おたくは、どちら？」

「はあ。うちは大谷さんどす」

京都の大谷には東大谷と西大谷の両方があるのだが、「おたくのお墓は？」と訊《き》かれて東と西を区別して答える人は少ないようにみえる。

「大谷といえば西にきまっていますやろ」——西大谷の人は、内心でこう思っている。東の人は、その逆を。

「大谷といっても東と西があるじゃないですか。おたくは、どちらなんですか！」

これは無粋、あるいは無教養というものになっているらしいと、わたしのように、後にも先にも大谷に関係するはずのない者には、思われる。

「大谷はうちの大谷にきまっている。噂では、もうひとつの大谷があるそうだけど……」

そんな感じなのである。

東本願寺《ひがしほんがんじ》の墓が東大谷、西本願寺の墓が西大谷と通称されている。もちろん、どちらに言わせても、正式には「大谷本廟《ほんびょう》」だ。「本」が二つあるから、ヤヤコシイ。

大学の場合は、東本願寺系が「大谷大学」、西本願寺系が「龍谷《りゅうこく》大学」となっていて、一見はスッキリしているみたいだが、これまた関係のない者にはお寺と大学の組み合わせが混乱することが多くて、京都事典といったもので確かめないと安心ならない。

本願寺はなぜ長い間、京都を留守にしたのか

東と西の本願寺の巨大さは、京都駅前のタワーの上から見ると実感できる。本願寺だけではなく、ほかのお寺もよく見えて、京都において寺院が占める面積の

広大さに、いまさらのように驚く。

いま仮に、「世界最大の木造建築は何か？」と質問すると、たいていの人は、「奈良東大寺大仏殿《とうだいじ》！」と答えるだろう。残念ながら、これは間違いで、東本願寺の御影堂《ごえいどう》が世界最大の木造建築物なのだ。西本願寺は東本願寺より少し小さいが、それでも東大寺よりは大きいのだそうだ。

ついでに言うと、この京都タワーなる建物も、建設のときには猛反対が起こったものだが、いまでは、これがないと京都ではないような感じになった。風景についての人間の認識には、得体《えたい》の知れぬ鈍感がつきまとうものらしい。

さて、東西の本願寺はそれぞれ「門徒一千万！」と称している。東西あわせて二千万は日本の人口の六分の一だから、これはものすごい数字というしかない。

この二千万の門徒なら、京都に来るまえの本願寺が摂津《せっつ》（大阪）の石山《いしやま》にあり、織田信長に対して頑強に抵抗したあと、妥協が成立した歴史はよく知っている。

石山に本願寺がつくられるまでには、浄土真宗中興の祖といわれる蓮如《れんにょ》の北陸地方での苦しい布教の歴史があり、さらにその後には京都郊外の山科《やましな》に、「寺域は広大で限りなく、荘厳のさまは、さながら仏の国にいるようだ」と言われた山科本願寺があった――そういうことも知っているはずだ。

ここで問題が出てくる。

北陸、山科、摂津石山――これはいずれも京都ではない。

本願寺は京都に本拠を置くのを嫌ったのだろうか、と考えてみても、事実が、そうではないことを突きつけている。戦国乱世が終わると、本願寺はチャンスをさぐり、東西に別れて京都に移ってきた。京都が嫌いどころか、「われわれの本拠は京都である」というのが前提になっているのがわかる。

それなら、なぜ本願寺は、長いあいだ京都を留守にして、北陸、摂津、山科をまわっていたのか？

浄土真宗という宗派の根本的な性質がからんでいるにちがいない。

親鸞の墓所から始まった本願寺

浄土真宗の開祖は親鸞だ。親鸞の師が浄土宗の祖の法然《ほうねん》である。

親鸞は弘長《こうちょう》二年（一二六二）に亡くなり、そのころの京都の葬送の地だった鳥辺野《とりべの》で荼毘《だび》に付されたあと、鳥辺野より少し北の大谷に遺骨が埋葬された。

世界最大の木造建築物・東本願寺《ひがしほんがんじ》の御影堂《ごえいどう》

大谷とは八坂《やさか》神社と東山《ひがしやま》とのあいだの低地のことで、いまでは東大谷、円山《まるやま》公園、知恩院《ちおんいん》がつらなっている地域だ。そのころは安養寺《あんようじ》、長楽寺《ちょうらくじ》など、平安時代の初期に建った寺があるほかは、ほとんど人の住んでいない荒地だった。

親鸞の遺骨が埋葬されたのが、大谷の、どの地点であったか、詳しいことはわからない。『親鸞聖人伝絵』によると、一基の石塔のまわりに柵をめぐらせただけの、簡素なものだったようだ。

七百数十年後の現在、二千万の門徒を誇る大宗教集団の開祖の墓にしては、あまりにも侘《わび》しい。組織というものの祖はすべてそうなのだとはいえ、これは親鸞の遺志にそったものでもあろう。

親鸞にはたくさんの弟子がいたが、それらを組織して教団をつくってはならないという考えを持っていた。立派な墓をつくるのは、その遺志にそむくことになる。

ちょうど十年後の文永《ぶんえい》九年（一二七二）、親鸞の娘の覚信尼《かくしんに》と弟子たちが相談して、大谷の吉水《よしみず》に遺骨を移し、仏閣を建てた。これが「大谷御影堂」とか「大谷廟堂」などと呼ばれ、本願寺の前身となる。つまり本願寺は親鸞の墓所からはじまったのである。

この吉水とは、円山公園の東にあった安養寺の境内《けいだい》一帯を指した古名で、安養寺のなかの弁天社のそばに「吉水の井」という名水があったのに由来する地名だ。

大谷御影堂の敷地は、約百四十坪の広さだったそうだ。世界最大の木造建築本願寺は、わずか百四十坪からはじまったのである。

大谷御影堂のあったところは、いまでは知恩院の崇泰院《すうたいいん》の敷地になっている。神宮道《じんぐうみち》をへだてたすぐ西にあった「吉水学園」が「吉水」の古名を伝えていたが、「華頂女子高校」と名称が変わった。

ここ吉水にはじめて堂をつくったのは親鸞の娘の覚信尼ではなく、親鸞の師の法然だった。といってもそれは、いま崇泰院のあるところではなく、もっと高い地点の、いまでは知恩院の勢至堂《せいしどう》がある地点だったことがわかっている。

ここに建てられた法然の堂を、浄土宗の歴史では「吉水禅坊」とか「吉水御坊」とか呼んでいる。

大谷御影堂もまた大谷の吉水に建てられたのだから「吉水御影堂」と呼んでもよさそうな気がするが、浄土真宗の歴史では一貫して「大谷」であり、「吉水」と呼んだことはないようだ。

あきらかに、こだわっている。

なぜか、と問うまでもなかろう。先発の浄土宗に併呑《へいどん》された印象になるのがイヤだったからだ。

開祖の師弟関係はともかく、わが浄土真宗は断じて浄土宗の別派ではない、独立した宗派なんだ――この姿勢が大谷の吉水を吉水ではなく大谷と呼ばせた理由だったと思う。

そんな厄介《やっかい》なことをするより、はじめから吉水から遠いところに親鸞の廟堂を建てればよかったではないか――それはそうなのだが、大谷御影堂の地は覚信尼の夫の所有地だったという現実的な問題があった。タダで使える場所を捨てて別の場所をさがす余裕はない。カネの問題だったのである。

越前に逃れた蓮如《れんによ》

大谷御影堂は、少なくとも元亨《げんこう》元年（一三二一）までには「本願寺」の名を使うようになったが、状況は厳しい。

浄土宗も浄土真宗も既成の仏教、とくに天台《てんだい》宗の激しい憎悪にさらされていた。むずかしい修行は無用、ひたすら念仏を唱え、弥陀にすがれば浄土往生できる――こうなっては天台や真言《しんごん》の存在理由がなくなってしまうからだ。

なお悪いことには、当時このあたりは妙香院の領地になっていて、妙香院の住職は青蓮院《しょうれんいん》の門跡《もんぜき》が兼ねていた。そして青蓮院は有力な天台寺院である、とくれば、本願寺が何から何まで延暦寺《えんりゃくじ》の監督をうけなくてはならない環境になるのは当然だった。

本願寺の第八世となった蓮如が、この環境からの脱却をめざして奮闘をはじめるが、「待ってました！」とばかりに延暦寺が武力攻撃をかけ、本願寺を焼いてしまう。寛正《かんしょう》六年（一四六五）のことだ。

「反撃しましょう。このままでは、潰されてしまいます！」

門徒のなかに、こういう意見がないではなかったが、蓮如はしりぞけた。名よりも実を取ったわけだ。

門徒はちりぢりになり、蓮如は親鸞の像を持って越前に逃れ、日本海沿いの吉《よし》崎《ざき》に「吉崎御坊《ごぼう》」をつくった。

蓮如の教線は越前から加賀にひろがり、とうとう加賀の守護、富樫政親《とがしまさちか》の軍と戦って大勝利をおさめるほどの、ものすごい政治勢力に伸《の》し上がった。真宗の一向一揆が加賀国を完全支配する日もちかい。もっとも、リーダーとしての蓮如は、俗権を掌握することには必ずしも賛成しなかったのは書いておく必要があろう。

大勝利は文明七年（一四七五）だが、その年に蓮如は吉崎御坊を去って、まず河内《かわち》の出口《でぐち》（いまの枚方市《ひらかたし》）に坊をつくり、本願寺再興のチャンスをねらっていた。応仁文明の乱はまだ終わってはいないが、そろそろ終熄に近づいている感触がある。

二年後に応仁文明の乱が終わり、翌文明十年、ついに蓮如は腰をあげる。だが、再興本願寺の敷地に選んだのは京都市内ではなく、郊外の山科郷の野村《のむら》だった。

いったい、なぜなんだろう?

京都でなく山科《やましな》を選んだ理由

京都を腎臓とすると、山科は副腎にあたる。東・西・北の三方に山をひかえ、南がひらけている地勢は京都に似ている。

東本願寺と同様に「大谷《おおたに》さん」と呼ばれる西本願寺

しかしこの当時はまったくの農村で、人家の密集する現在からでは想像もできない。その山科の野村というところを、蓮如は本願寺再興の敷地に選んだ。戦争直後とあって京都は荒廃し、混乱している。混乱の隙をつけば、京都の真ん中に本願寺を建てるのはかえって容易なはずだ。

なぜ、その京都を回避したのか？

京都市民の大半は法華（日蓮）宗に帰依《きえ》している。戦後復興の大役を果たし、新生京都の主人公になるのは法華の信徒にちがいないと思われた。そしてまた法華以外の既成宗派は、混乱のなかで勢力を拡大しようと、激しく争うはずだ。そこへ割り込んでいってもトラブルを招くだけ、という判断のあったのが一つの理由だ。

もう一つは、越前や加賀の経験である。

北陸地方で真宗勢力拡大の基礎になったのは、圧倒的多数の農民門徒であった。農民こそこれからの門徒の中核にならねばならないと考えていた蓮如は、必ずしも京都の町中に本願寺をつくる必要を感じなかったのだ。

しかし、京都に近いところでなければならない――それなら山科だ、ということになった。

まず御影堂が、つづいて阿弥陀堂が完成し、本願寺は文明《ぶんめい》十三年（一四八一）に再興された。御影堂と阿弥陀堂の両堂を中心に伽藍《がらん》を配置するのは本願寺独得のスタイルだ。

主要伽藍区域の「御本寺《ごほんじ》」を中心に、その外側に坊官屋敷の「内寺内《うちじない》」があり、さらにその外には門徒衆の居住区の「外寺内《そとじない》」という三重の町づくりだ。それぞれは堀と土塁で防衛しているから、まさに真宗王国本願寺の城下町が出現した。

城下町の住人は武士だけではない。商工さまざまの仕事にたずさわる庶民がいなければ町は死んでしまう。門徒の大多数は地方から参詣《さんけい》に来るから、宿舎が必要になる、法衣や法具を売る店が出るというわけで、本願寺の一帯はあっというまに都市化した。

二カ所に置かれた太鼓の音が朝・昼・夕を知らせた。それぞれの町に「構え」という防衛組織がつくられ、いざというときには太鼓を合図に軍事行動を起こせるように訓練されていた。

だが、それでも負けてしまった。

なぜ負けたのか——戦争したからだ。

なぜ戦争をしたのか?

顕如《けんにょ》と教如《きょうにょ》――それぞれの本願寺

蓮如が没したあと、実如《じつにょ》を歴《へ》て大永《たいえい》五年（一五二五）から十世証如《しょうにょ》の代となる。

世はすでに戦国だ。

本願寺は蓮如や実如の平和主義から一転、武力主義をとり、証如は各地の一向一揆に対して、「戦え、ぶっこわせ、法の敵を許すな!」と命令した。本願寺みずからが戦国大名になろうとし、成功したといっていい。

足利将軍はあってなきがごとし、京都の支配者は毎日のように交替する。となると、京都から山ひとつ越えた山科にあり、十万あまりの軍勢を動員できる本願寺が、どう動くのか、注目の的になったのは当然だ。

享禄《きょうろく》五年（一五三二）、三好元長《みよしもとなが》と細川晴元《ほそかわはるもと》が京都の支配権をめぐって戦った。晴元は一向一揆を味方につけて戦い、元長を自害に追い込んだ。元長は法華宗の強力な保護者だから、その敗死は京都の法華宗を恐怖に突きおとした。

勢いに乗った一向一揆は大和《やまと》に乗り込み、興福寺《こうふくじ》を焼き、山内の数百の坊舎を破壊したという。

京都では、「一向一揆が攻め込んでくる」という噂が流れ、細川晴元の立場を危険なものにした。

晴元は急遽、本願寺と手を切り、京都の法華と手をむすんだ。「昨日の敵は今日の友」さながらに政局は逆転し、「オール本願寺」対「オール京都」の全面衝突になった。

享禄から天文《てんぶん》へと年号の変わった八月二十三日、法華勢を中心とする三万とも四万ともいう京都軍によって、広い本願寺は完全に包囲され、勝負はあっけなくついた。本願寺の完敗である。

京都へ凱旋《がいせん》する将兵の手には数々の金銀財宝がかかえられていたといい、焼け跡には財宝をあさる群衆が殺到し、混乱のなかで数十人の死人が出たという。

五十二年——それが山科本願寺の繁栄の年月である。

摂津の石山に移った本願寺は前にもまさる強力な武力で織田信長の包囲作戦に耐えぬき、十一年めに妥協した。

十一世の顕如は紀伊を経《へ》て和泉の貝塚へ撤退していたが、天正十三年（一五八五）に豊臣秀吉から大坂の天満《てんま》に敷地を与えられて本願寺を再建した。

それから六年後、京都の堀川六条に敷地をうけ、本願寺を移した。寛正六年に延暦寺の攻撃をうけてからじつに百二十六年目にして、本願寺は京都にもどってきた。

慶長七年（一六〇二）、徳川家康は、顕如との相続争いで引退していた教如に烏丸《からすま》六条の敷地を与え、本願寺を建てさせた。以後、顕如の本願寺を「西本願寺」、教如の本願寺を「東本願寺」と区別して通称することになっている。山科本願寺の跡地にも東西それぞれの別院がつくられた。

本願寺に関するものごとは、必ず二つがセットになっている。だから、いちいち「東ナニナニ、西ナニナニ」と区別しなければならないわけだ。

11章

なぜ素浪人が立派な庭園をつくりえたのか

——武人から文人へ転身した石川丈山《いしかわじょうざん》の詩仙堂《しせんどう》

【この章に登場する主な史跡】

豪華な庭園を配した詩仙堂

徳川幕府の正式な歴史書は『徳川実紀《じっき》』である。

重箱の隅を突っつくように点検すれば、あれこれと不審の部分も出てくるだろうが、とにかくもこれは幕府が、「われわれはこのようにして政治を運営し、このように生きてきた」と後世に対して正式に伝えるものだ。

二代将軍秀忠《ひでただ》の巻、すなわち「台徳院《たいとくいん》殿御実紀」の元和《げんな》元年（一六一五）五月七日のところに、こういう記事がある。

「石川嘉右衛門重之《いしかわかえもんしげゆき》は、大御所旗本《はたもと》より抜け駆けして首二級《しるし》を取る」

この後にカッコづきの注記がつづく――「重之、軍令違反の罪により御勘気《ごかんき》こうむり、隠居して丈山《じょうざん》と号す」

石川丈山こと嘉右衛門重之に関する『徳川実紀』の記事はこれだけだ。

「石川丈山……ああ、そういう者はいましたが、後世の皆さまにお知らせすることはぜんぶ『徳川実紀』に書いてありますから、それをご覧ください」

新聞の談話記事ふうに直すと、こういう感じになる。

だが、公式記録や公式発表と、生《なま》の世間の記憶や人気とはたいていの場合、別である。

石川丈山は人気者であった。同時代の人々には、「気にかかって仕方がない」人物のひとりだった。

その石川丈山がつくったのが、洛北《らくほく》は一乗寺《いちじょうじ》の高台にある詩仙堂である。

詩仙堂に行く道の目印は「一乗寺下《さが》り松《まつ》」である。枝ぶりのいい松の木の下に、「大楠公戦陣蹟《だいなんこう》」と「宮本・吉岡決闘之地」の二つの石碑がある。石碑を後ろにして、だらだら坂をのぼっていくと詩仙堂がある。

「すごいなア！」

「だけどさ、丈山っていう人は浪人だったんだろ。浪人に、こんな豪華な庭園がつくれるなんて、ウソみたい！」

「詩仙の間」か「至楽巣《しらくそう》」にすわって一息つくと、異口同音に驚嘆の声が出る。

二階の「嘯月楼《しょうげつろう》」にはのぼれないが、拝観者の少なかった昭和三十年代の初めなら、許された。

息が止まる——そんな印象だった。

高くはない二階なのに、下の部屋から見たのとはまるで別物の光景が広がるのであった。

そんなとき、誰から聞いたのか、記憶もおぼろげな噂話がよみがえってくる。

——京都と比叡山、あるいは近江との連絡を断つために、幕府はここへ監視役として丈山を配置していたのだそうだ——。

早い話が、「石川丈山＝スパイ」説なのである。

もちろん、こんな話はウソである。少なくともわたしは信じない。

信じないけれども、「あるいは、そうかも？」と、確信のふらつく雰囲気がここにはある、ということだ。

なぜ庭先に〝僧都《そうず》（しし脅《おど》し）〟をつくったか

受付で拝観券をもらったら、まっすぐに、しかし、静かに優雅に部屋を通り抜け、ビニールの草履《ぞうり》をはいて庭に下《お》り、小さな坂を下って左手、丈山が愛好してやまなかったといわれる「僧都」の前に立っていただきます。

僧都といってもキラビヤカな法衣に身をかためた偉いお坊さんではなくて、「添水《そうず》」とも書く「しし脅し」の装置のこと。「しし」は鹿であり猪でもあり、つまり野獣一般が草や木の若芽を食い荒らさないように、一定の時間をおいて、カッタンと音を立てて脅かす装置だ。

詩仙堂は、この僧都がすべてである。建物はどうだってかまわないと言うと言い過ぎになるが、少なくとも建物は僧都ほどの問題性は持っていない。

さて、この僧都のメカニズムは、なかなかうまくできている。太い竹の筒に少しずつ水を注《そそ》ぎ、水の重みに耐えられなくなると、竹の筒が反転して水がカラッポになる。一瞬、竹筒は逆転して石を激しく叩き、そのときに音がする。

カッタン——二分ほどして、またカッタン——かなりボリュームの高い音である。鹿や猪を脅すには効果がありそうだ。

しかし、そこで考えていただきたい——こんなところまで鹿や猪が来るのだろうか？

詩仙堂は標高三〇一メートルの瓜生山《うりゆうやま》の西北の麓《ふもと》にある。瓜生山の動物が侵入するのを脅して防ぐなら、詩仙堂ぜんたいの境界に、つまりもっと高いところに僧都をつくるのが原則だろう。動物に荒らされて困るものは、そのあたりにあるはずだ。

ところが丈山は、ほんの庭先に僧都をつくった。こんなところに僧都をおいて

詩仙堂《しせんどう》の庭先につくられた僧都《そうず》(しし脅《おど》し)

も、動物脅しにはなんの役にも立たないのである。

そんなことはわかりきっているはずなのに、あえて丈山は、ここに僧都を置いた。

「丈山はこの僧都を愛好した」という話が伝わっているのを考えれば、設計者や建築家のミスということはありえない。

たしかに丈山は、こう命令したのだ——山の水をここまで引き、僧都をつくれ、と。

なぜか?

石川丈山の、それまでの人生のなかに答えが見つかるにちがいない。

徳川家をクビになった理由

丈山は三河《みかわ》武士である。曾祖父《そうそふ》のときから徳川家に仕え、祖父は小牧《こまき》・長久手《ながくて》の合戦で戦死し、父も武功の誉《ほま》れ高い人だ。

ところが、どういう理由あってのことか、父は丈山少年が武士になるのを許さなかったらしい。十三歳で家出し、武蔵《むさし》の忍《おし》城にいた祖父の弟の石川信光《のぶみつ》のもとへ身をあずけた。

父は丈山が十六歳のときに亡くなり、自由になった丈山少年は、はじめて家康に仕えることができた。昼も夜も家康の身辺に侍《はべ》ったというから、若いながらも武勇を見込まれたわけである。

そして元和元年五月の大坂の陣――丈山の人生に大きな転換点がやってくる。丈山は家康の旗本隊のひとりとして勇躍出陣した。

このとき丈山は「傷寒《しょうかん》」を患《わずら》っていたという。いまの病名では腸チフスにあたる病気で、とても合戦に出られる状態ではない。

しかし、丈山の母は叱り、かつ励まして言った。

「旗本の身分として、病気で合戦に出られないとはこの上ない恥。どうせ死ぬなら戦場で死になさい！」

さて、このころ、合戦の論理が変化していた。

「個人プレイは許さん、味方全体の勝利がすべてに優先する」

ヤアヤアわれこそは――の一騎打ち戦法は否定されてきた。大坂の陣は、天下無敵と思われた大坂城を包囲する戦争であるだけに、格別に集団戦法が尊重された。

しかし、石川丈山は思う。

「そんな戦術に従うわけにはいかん。真っ先かけて敵陣に乗り込み、あっぱれ武功をあげて恩賞をいただき、いずれは一国一城の主をめざす。その望みなしに、武士と言えるか！」

結果は、はじめに紹介したとおりになった。丈山の武功は目覚ましかったが、集団優先のルールに背《そむ》いた「抜け駆け」の罪は許されないのである。

お前が憎いわけではないがと、徳川家をクビになった。ときに三十二歳。覚悟のうえだから、恨むことはない。

髪を切って京都の妙心寺《みょうしんじ》に隠れ、何もなければ、そのまま僧になったかもしれない。

ところが、大事件が起こる。儒学という新しい学問に出会ったのだ。

朱子学《しゅし》にめぐりあった丈山

中国古代の孔子《こうし》の学問、政治学と宗教とを混ぜ合わせた儒学は、日本でも古くから知られていた。しかし、それは純粋な学問としてだけ扱われ、政治や宗教とは関係しなかった。

中国の宋代《そう》（九六〇～一二七九）、儒学に大変革が起こった。それまでは重箱の隅を針で突っつくような訓詁《くんこ》学だったのが、宇宙と人間との関係から人間と社会との関係までを守備範囲とする実際的なものになった。政治学や社会学に比重が移ったのだ。これを「宋学」「朱子学」という。

朱子学は禅宗を通じて日本に入ってきたから、はじめのうちは仏教の一部として扱われていた。そのうちに、藤原惺窩《ふじわらせいか》や林羅山《はやしらざん》の奮闘で仏教から独立する傾向をみせてきた。石川丈山が出会ったのは、そういう時期の朱子学だった。

仏教の側からすると、儒学が独立するのは好ましいことではない。

豊臣氏を倒して覇権を握った徳川氏にしても、朱子学が唱《とな》えている新しい政治学と自分たちのめざしている新しい政治体制とが一致することには気がついていない。

だから徳川幕府で政治顧問の仕事をしていたのは、金地院崇伝《こんちいんすうでん》とか天海《てんかい》といった仏教僧であって、藤原惺窩はもちろん、門人の林羅山でさえ初めのうちは朱子学者としては扱われず、地位の低い仏教僧として扱われた。

「幕府に仕えたいなら髪を剃《そ》って僧の服装をせよ、それがイヤなら雇わないぞ」

ということになる。

そういう扱いに満足しない惺窩は、いったん仕えた幕府から身を引いて引退してしまい、京都市内で住居を手に入れることができずに、洛北の市原《いちはら》でわびしい暮らしをはじめた。

しかし惺窩は孤独ではなかった。

角倉了以《すみのくらりょうい》の息子の角倉素庵《そあん》が弟子になっていた。京都最大の商人が弟子になったのである、その影響は大きい。

相国寺《しょうこくじ》で儒学を学んでいた林羅山は、髪を剃って出家せよと言われたのがイヤになり、素庵の紹介で惺窩の弟子になった。

石川丈山は、おそらく羅山を通じて惺窩を知り、入門したのだろう。

藤原惺窩を中心とする商人や文人、そして「もと僧侶」の朱子学グループは「友社《ゆうしゃ》」と呼ばれ、その学問や生活のスタイルが「京学《きょうがく》」と言われるようになった。

「友社」や「京学」は戦国末期から江戸初期にかけての「京名物」になった。

学問や学者のグループを「名物」といっては失礼になるかもしれないが、当時の京都のほかではありえないことなのだから、「名物」という表現がいちばんふさわしいと思う。

腕力一本でやってきた石川丈山は、ここで一転して儒学に精進《しょうじん》し、京名物の一員になった。

李白《りはく》や杜甫《とほ》と並び賞された詩の才能

石川丈山がもっとも得意にしたのは「隷書《れいしょ》」である。もともとは身分の低い人にも読める字体という意味で「隷書」と言うが、わたくしたちに馴染《なじ》みのものは装飾性に重点を置いた新しいスタイルの隷書である。詩仙堂を参観すると、丈山が筆をふるった隷書の数々にお目にかかれる。

詩にも巧みで、朝鮮使節に随行した詩学教授の権侙《ごんちょく》は、詩人丈山を「日東《にっとう》(日本)の李杜《りと》なり」と激賞した。唐の大詩人、李白や杜甫に匹敵するというのだから、お世辞を割り引いても相当なものである。

さて、学者詩人として名が出るのは嬉しいとしても、丈山には現実の悩みがある。老いた母を養わねばならず、それにはカネが必要だ。

京学グループは、自分の意に満たない仕官をするよりは、清貧に甘んじても自分本来を偽らないことをモットーにしていた。グループの規律というほどのものではないが、規律以上の自己規制の精神である。

仏教の僧ならば、肉親のことでは悩まない。出家という行為のなかに、肉親のことは放置してよろしいという社会的なゆるしがあるからだ。

朱子学は「孝行」を人間の大切な徳目にしている。孝行という現実と自分の思想との矛盾に悩むのは新人類の証拠だ。石川丈山は新人類だったのである。

京都所司代《しょしだい》の板倉重昌《いたくらしげまさ》が斡旋《あっせん》してくれたおかげで、丈山は安芸《あき》広島の浅野家に仕えることになった。

知行は千石だったという。徳川家康の旗本のときは六十五人扶持《ぶち》だったという説もあるから（一人扶持は一日に玄米五合）、千石のうちの五百石が収入になるとして、ざっと五倍の給料だ。

武士の出身なのに京都で学者、詩人として有名になった者を高給で抱える、そういう時代になってきていたわけだ。

剣や槍の腕前よりも学問が重要視される。その学問も、チマチマした訓詁学ではなくて、宇宙と人間という壮大なテーマに取り組む朱子学なのである。

広島に赴任するとき、丈山は羅山に宣言した。

詩仙堂への道の目印となる「一乗《いちじよう》寺《じ》下《さが》り松《まつ》」

「母を養うために広島に行きます。母が天寿を全《まっと》うしたら、かならず退官します」

十四年後に母が亡くなったので、宣言したとおり浅野家を去り、京都にもどってきた。このとき、特別のボーナスとして四千石を支給されたというから、浅野家で丈山は重く用いられていたと見ていい。

京都に帰った丈山は相国寺の近くに住み、親友の板倉重昌の子の重宗《しげむね》がいくら勧めても、ふたたび官に仕えることはなかった。

詩仙堂の建築にとりかかるのは、京都に帰ってから四年後の寛永十七年（一六四〇）、丈山が五十八歳のときだ。

丈山は、なぜ詩仙堂をつくったのか

さて、詩仙堂を見物して驚くことの第一は、「こんな広い土地が、一介の浪人に買えたのか？」だ。

しかし、詩仙堂の面積は「広大」と言うには遠い。現に、詩仙堂へ行く途中で観察すれば、詩仙堂よりずっと広い敷地の農家がたくさんあるのに気づくだろう。

ましてや当時、ほとんどが斜面で農地になりにくいこの土地を手に入れるのに、巨額な資金は要《い》らなかったはずだ。詩仙堂が広いという印象は、斜面を活《い》かした庭園設計の影響なのである。

建物にしても、豪華でもなんでもない。

重い存在感を誇ることもなく、むしろ、できるかぎり簡素をめざしたことは、冷静に見ればわかる。

居住性にしても、けっして快適なものとは言えない。このあたり、夏はともかく、冬の比叡《ひえ》おろしが厳しくて辛《つら》いところなのに、防寒にカネを使った形跡もない。

それなら、詩仙堂とは、いったい何であったのか？

隠者《いんじゃ》の城である。

中国古代の知識人たちは隠逸《いんいつ》の生活を理想にしていた。自分の意見が実際政治に受け入れられれば言うことはないのだが、そんなことがあるはずはないと最初からあきらめ、あらゆる誘惑をしりぞけて隠逸の生活に徹するのが、隠者だ。

儒学の創始者の孔子は、「隠逸の生活を理想とするのはよくない。しかるべき君に仕えて道を実践するのが知識人の任務だ」と主張するのだが、その孔子自身、ややもすると隠者の生活に心を惹《ひ》かれる自分に気づいていて、「隠者との二人づれ」の生涯を送ったといえる。

隠者は自分からは世に出ていかないが、沈黙してしまうわけではなく、ましてや来客を拒《こば》むわけでもない。

隠者は饒舌《じょうぜつ》である。饒舌を保証してくれる場が隠者の城、つまり石川丈山にとっての詩仙堂だった。

詩仙堂の庭先にあって間歇《かんけつ》的にカッタンと音をたてる僧都は、隠者丈山の口であり舌であり、唇であった。

「俺のほうから出ていくことはないが、来る者は拒まない。さあ、来て語れ、歌え！」

僧都を庭先に近いところに配置することによって丈山は、世間にサインを送っていたわけだ。鹿や猪を追っ払う道具なんかではなかった。

上皇からの仕官の誘いの断わり方

わたしたちは、石川丈山といえばまず詩仙堂の建物を連想するが、それは丈山にとって嬉しいことだろうか？

「建物なんか、どうだっていいんだ。それよりも……」

丈山がわたしたちに望んでいるのは、一首の歌に込められた彼の思想について思いをめぐらしてほしい、ということに違いない。

その歌というのは、後水尾《ごみずのお》上皇から「私に仕えてはどうかな」と誘いがあったのを断わったときの歌だ。

　　渡らじな、瀬見《せみ》の小川の浅くとも
　　　老いの波たつ影は恥ずかし

瀬見の小川とは下鴨《しもがも》神社の境内を流れる鴨川の支流のことだが、鴨川そのものとみてもかまわない。

一乗寺の詩仙堂を出て瀬見の小川を渡れば洛中に入ってしまう。わたしはけっして洛中に足を踏み込みませんという決意を歌に託して、天皇の誘いを断わったのである。

後水尾上皇は勇気に満ちた丈山の仕官拒否に感心し、みずから筆をとって、「波たつ」を「波添う」と訂正したという。こうしたほうが、歌心をいっそう鮮明にするではないかというわけだ。

このエピソードも手伝って、「渡らじな」の歌は、まさに一世を風靡《ふうび》する高い評判をとった。

「渡らじな……」と口ずさみつつ、丈山の隠者生活に羨望の思いを馳《は》せる人も多かったはずだし、政権を江戸に取られたことでさびしくなったが、しかし、かえって隠逸生活の似合う都会になった京都にあこがれる心情の人も増えたにちがいない。

丈山より一世紀あとの俳人、与謝蕪村《よさぶそん》がこの歌をテーマにして一句つくった。

丈山の口が過ぎたり夕すずみ

注記がないと何のことだかわからない俳句の典型だ。だから蕪村は、ちゃーんと注記をつけている。その注記は「加茂の西岸に榻《とう》（椅子《いす》）を下して」である。注記と併せて読むと、蕪村の気分がわかってくる――加茂の川は渡らないと丈山が頑張ったのは都がイヤだったかららしいが、丈山は加茂の夕すずみの経験が

一介の浪人・石川丈山《じようざん》がつくった詩仙堂

なかったにちがいない。こんな素敵な気分を味わえば、加茂川は渡らないぞ、なんて意地を張るのがつまらないことだとわかるはずだ——こんなところだろう。

無理している俳句だ。

諧謔《かいぎやく》を旨《むね》とする俳句に、「無理している」と不平を言うのもヤボな話だが、どこに無理があるかというと、「加茂の夕すずみ」とすればいいのを、それが不可能だから、わざわざ注記で「加茂の西岸に」と断わらなくてはならない、それが無理だった。

なぜ、「加茂の夕すずみ」とやれなかったのか？

「加茂の夕すずみ」では「加茂の東岸の夕すずみ」も含んでしまう。それなら丈山にも経験があったかもしれないのである。

12章

なぜ茶道が京都で盛んになったのか

――信長、秀吉に仕えた千利休《せんのりきゅう》の実力

【この章に登場する主な史跡】

小川《おがわ》通に並ぶ表千家《おもてせんけ》と裏《うら》千家

「堀川寺ノ内《ほりかわてらのうち》」のバス停から東に入っていく。

左手にまず、「人形の寺」の別称の宝鏡寺《ほうきょうじ》があり、そのすぐ東を南北に走る狭い通りが「小川通」だ。

そもそも小川通は紫明《しめい》通から錦《にしき》小路までつづく長い道だから、京都の人なら、小川通という言葉でさまざまの小川通を連想する。

しかし、全国区にわたる知名度ということになると、寺之内《てらのうち》通から上御霊前《かみごりょうまえ》通までの百メートルばかりの部分が、もっとも知名度が高いかな、と思う。

なぜなら、茶道（抹茶）をやっている人々にとってここは、「聖なる通り」といったものであるはずだからだ。茶道をやっている人々なら一度はこの通りを訪れた経験があるか、いずれは必ず、と計画しているにちがいない。

寺之内通から小川通に入ると、まず表千家の茶室「不審庵《ふしんあん》」があり、その北に裏千家の「今日庵《こんにち》」がつづく。

外からは茶室は見えない。

といって、「ちょっと拝見させてください」などと気軽に頼んでも、簡単に許してもらえる場所ではないから、関係のない人は外から見て想像するしかない。膨大《ぼうだい》な数にのぼる茶道関係者の畏敬《いけい》とあこがれのまなざしが、ここに注《そそ》がれているのである。

ところで、茶道にはまったく縁のない人でも、両千家の茶道の祖が千利休《せんのりきゅう》であることぐらいは知っているだろう。

「フーン、なるほど。いかにも茶道のワビやサビにふさわしいところだ。さすがは利休、いい場所を選んだものだ！」

感心なさるのはいいが、利休はここで茶の道を研究していたわけではない。それどころか、利休と小川通とはまったく関係がないのである。

表と裏の千家のほかに、京都には武者小路《むしゃのこうじ》千家という抹茶茶道の家元もあり、千家関係以外の茶道の家元もたくさんある。

「京都――茶道――千利休」の連想からすると、京都にはさぞたくさんの利休ゆかりの史跡があるにちがいないと思いがちだが、そうではない。茶道関係の史跡はたくさんあるが、利休自身にゆかりの史跡といったら数えるほどしかないのが実際なのだ。

なぜなのか？

それなのに、利休とか茶道といえば何をおいても京都が連想されるような現状になっている。

それは、なぜなんだろうか？

茶道の故郷は禅宗寺院だった

ちょっと面倒だが、ここで喫茶と茶道の歴史を簡単に復習しておこう。

平安時代の皇族や公家のあいだには、すでに喫茶の習慣があった。寺院のなかでも茶は飲まれていたが、禅宗がはじまるまでは茶礼《されい》（喫茶のルール）は成立しなかった。禅宗寺院が茶道の故郷だといわれるのは、そういう意味からである。

禅宗寺院の外に出た茶道が「数奇《すき》」とか「茶湯」とか言われるようになる。茶礼を重んじるのは言うまでもないが、それよりはむしろ、中国（唐）からわたってきた茶器を所蔵し、自慢し、宋《そう》や元《げん》の絵で座敷をかざって茶を点《た》てるところに重点が置かれていた。

舶来の茶器なんて、誰にでも手に入るものではない。だからこのような茶は、支配階級の人間にかぎられる。有力な武士や大商人ということになる。こういう茶を「殿中茶湯《でんちゅうちゃゆ》」とか「書院茶湯」などと言っていた。

殿中茶湯は「同朋衆《どうぼうしゅう》」という身分の人によって点《た》てられていた。同朋衆とは、室町幕府将軍や有力な大名に、技術や芸能によって仕えていた人たちのことである。

彼らは髪の毛を剃《そ》って僧体になり、「××阿弥《あみ》」というように阿弥号を名乗っていた。下層階級の出身なので、出家の姿と称号とによって身分問題を解消し、そうすることではじめて高貴の人の前に出ることを許された。つまり、同朋衆を雇える者だけに可能なのが殿中茶湯だったと言いかえられる。

こういう茶が、いま現在の日本の茶道とはまったく別のものであるのは説明不要だ。

村田珠光《むらたじゅこう》や武野紹鷗《たけのじょうおう》によって新しい茶道が生まれてきた。彼らのめざしたのは豪華や華麗を競う茶ではなく、いわゆる「わび」に目を向ける茶であった。千利休は、この武野紹鷗の弟子なのである。

では、「わび茶」という新傾向に魅力を感じたのはどういう階層であったかというと、新興の商人であった。武士や伝統的な商人は依然として殿中茶湯に夢中

茶道の人々には〝聖なる通り〟の小川通《おかわどおり》

になっていて、「わび茶」にはまだ目が向かない。

ではまた、新興商人はどこにいたか——大陸との貿易がさかんになった堺《さかい》である。京都にも新興商人がいないわけではなかったが、堺にはかなわない。ポルトガル人ジョアン・ロドリーゲスの『日本教会史』には、はっきりと、こう書いてある。

「数奇と呼ばれるこの新しい茶の湯の様式は、有名な、富裕な堺の町ではじまった」（佐野泰彦ほか訳、以下同）

この「数奇」という用語は、殿中茶湯の「数奇」とはぜんぜん違う、新しい意味で使われている。「数奇」という用語が新しく生まれ変わったのだ。ロドリーゲスは、新しい傾向の茶が「狭い場所」で行なわれる点にとくに注目しているので、もう一度引用してみよう。

「この町の小型の小家の人びとは、互いに招待し合い、町の周囲に爽涼《そうりょう》、閑居の場所のないことの補いとした。むしろある流儀では、この様式が純粋の閑居にまさるものとみている。そこでこの町の中でそれを発見し、楽しむことを、彼らの言葉で『市中の山居《さんきょ》』という。これは辻広場の中に見出される孤独の閑寂という意味である」

利休は、堺の新しい傾向の茶のなかで研究を重ね、茶人として成長した。その利休が秀吉《ひでよし》の茶頭《さどう》になったのは、どういういきさつであったか？

信長、秀吉と、続いて茶頭《さどう》となった利休

利休は、秀吉のまえに織田信長《おだのぶなが》の茶頭になっていた。それは、自治と自由と繁栄を誇っていた堺が信長の武力に屈伏した結果のひとつである。

信長に屈伏することで生きのびる途《みち》を選んだ堺の商人たちは、信長の身辺に茶人を送り込んだ。この場合、茶人といっても茶道を専門的に職業とする者ではなく、大規模に商業をするかたわらで「わび茶」の研究に熱を入れる者のことだ。

堺からは十数人の茶人が送り込まれたらしいが、今井宗久《いまいそうきゅう》・津田宗及《つだそうぎゅう》・千利休の三人が格別の扱いをうける茶頭になった。利休は今井宗久の推薦で信長の茶

頭になり、三千石の給料をうけることになった。

ところで、茶頭とは何か？

禅宗寺院にはいろいろの役目があって、それをたとえば「粥頭《しゅくとう》」「灯頭《てんとう》」などと言っていた。そのひとつが「茶頭」で、寺院のなかでの、茶に関する仕事のすべてを扱っていた。その茶頭という役目が、大名の家来の役職のひとつになったわけだ。

ここで整理しておこう。

織田信長が武力にモノをいわせて京都を支配し、その信長のもとへ、経済力を背景にした堺の茶人が集まってきた。信長の武力と堺の経済力とが合体し、京都を舞台にして「わび茶」を展開したということになる。「わび茶」が京都で生まれたものではないというのは、こういう事情なのだ。

なぜ秀吉のもとで伸《の》し上がれたのか

信長も茶を好んだが、秀吉ほどではない。

しかし、堺生まれの「わび茶」がこの時期に急速にひろまった背景には、茶道に対する信長の姿勢が大きく影響している。

それが何かというと、信長は配下の大名に対して、「われの許可せぬ者が茶をやるのは厳禁じゃ！」と命令したのである。

「たかがお茶ぐらいで、なんと大袈裟《おおげさ》な！」と言う人もあるだろうが、信長のこの政策の結果、茶道は「たかがお茶」ではなくなったのだ。名物の茶器を持っていたために領地や命を狙われる者もあったし、反対に茶器のおかげで命が助かった者もいる。すべては信長の政策の結果だ。

秀吉も、はじめのうちは茶を許されない下っ端《ぱ》の小大名だった。

「一日も早く、茶を点てられる身分になりたい！」

そう思いつつ戦場を駆けまわっているうちに、天正四年（一五七六）か五年に戦功を認められ、晴れて茶湯を許された。「あのときの嬉しさは来世に行っても忘れられない」とまで感激した秀吉である。

茶道を許した家来には、その証拠の意味もあって、秘蔵の茶器を伝授するのが信長のやりかただった。

それから一段上がると、「堺衆《さかいしゅう》の相伴《しょうばん》で茶を点ててよろしいぞ」ということになる。堺衆とは堺から来た茶頭の意味だ。秀吉の場合、天正九年（一五八一）

には信長の茶頭を相伴にして茶を点てるのを許されたらしい。信長が本能寺で殺される前年のことだ。

秀吉と利休との関係はこうしてはじまった。天正九年の秀吉は四十五歳、利休は五十九歳である。それから十年後の二月二十八日、秀吉は利休に切腹を命じる。

さて、「堺衆の相伴で茶を点ててよろしい」と信長が許したとき、それは特定の茶頭を指示してはいなかったはずだ。

ところが、それからまもなく利休は、秀吉の茶頭の筆頭格に伸し上がるのである。筆頭茶頭という正式な役職名はないが、そういうしかないほどの権力を、利休は獲得するのである。

どれほどの権力であったかというと、京都郊外山崎《やまざき》で明智光秀《あけちみつひで》を相手の信長の弔《とむら》い合戦に秀吉が勝利したあと、利休は中川清秀《なかがわきよひで》に宛《あ》てて戦功を賞賛する手紙を書いているのである。

家来の戦功を認め、賞賛する主君の手紙を「感状《かんじょう》」というが、主君の名で祐筆《ゆうひつ》（書き役）が書くのがふつうだ。ところがこの場合の感状は、利休が自分の名で書いている。茶頭の分際を超えた政治顧問の行為というしかなかろう。

表《おもて》千家《せんけ》の茶室〝不審庵《ふしんあん》〟入口

裏千家の茶室〝今日庵《こんにちあん》〟入口

信長の時代では、利休は今井宗久と津田宗及につぐナンバー3の茶頭だった。茶道の力量よりは、堺の経済界における地位の差がそうさせていた。

その利休が、秀吉の時代になったとたんに筆頭茶頭兼政治顧問みたいな地位に伸し上がったのだ。

なぜか？

この謎を解くのはそんなにむずかしくないと思う。

信長時代の茶は、いわば「権威の裏付け」であった。茶道としての独立を獲得していなかった。

それが利休には承知できない。おおいに不満だった。だが、信長の姿勢を変えさせるのはとうてい不可能だった。

芸術として独立している茶道――秀吉が天下を取れば、それは可能だと利休は見た。そのために利休は、信長の生前から積極的に秀吉に接近したのである。

秀吉は秀吉で、茶道が芸術として独立性を獲得することには異論がない。異論がないどころか、茶道が芸術として独立し、その最高指導者の利休を茶頭兼政治顧問として抱えるのは自尊心を満足させるから、大歓迎だ。

両者の利益追求が相乗効果を発揮した結果として、利休の地位はますます高くなり、利休の茶は利休がめざす「わび」の境地に近づいていく。

記念すべき京都最初の拠点はどこか

天正七年（一五七九）か八年、利休は大徳寺《だいとくじ》の近くに屋敷を買いもとめ、後妻の連れ子の少庵《しょうあん》を住まわせることにした。

利休にはほかに、先妻の子の道安《どうあん》という息子もあり、ふたりとも堺で茶の修業をしていた。少庵は血のつながる子ではないが、茶人としての将来性は道安を凌《しの》ぐ、と利休は見ていたらしいから、そこで利休の後継者問題が起こる。

熟慮のすえに利休は、千家を堺千家と京都千家に二分し、京都千家を少庵につがせることにしたと推測される（村井康彦『千利休』講談社学術文庫）。

道安の堺の千家はそのうちに絶《た》えてしまうから、「京都千家」イコール「千家」として発足したとみていい。

少庵に与えられた屋敷は、「大徳寺門前の屋敷」「紫《むらさき》野《の》屋敷」の名で文献に登場するが、どの辺りにあったのか、はっきりしたことがわからない。

では、なぜ利休は大徳寺の近くに、記念すべき京都最初の拠点をつくったのか？

利休は大徳寺塔頭《たっちゅう》、総見院《そうけんいん》の古渓宗陳《こけいそうちん》和尚に参じて禅を学び、「宗易《そうえき》」の法号を授与されていた。

あの一休《いっきゅう》和尚が堺商人の財政援助で大徳寺を再建して以来、堺商人と大徳寺の関係は深いものになっていた。利休の宗陳への参禅もその波に乗ったことだが、この二人の関係は禅の師弟関係から一歩も二歩も踏み込んだ、ただならぬものになってきていた。

その件について、くわしくは5章「なぜ秀吉は、京に大仏殿を建てたのか」や、4章「なぜ信長の葬儀が、禅寺で行なわれたのか」を読んでいただくとして、利休が京都に根拠をつくるとしたら大徳寺の周辺しか考えられない。それくらい両者の関係は深かったのである。

少庵が大徳寺門前の屋敷に住むようになっても、利休自身の自宅は堺にあって、秀吉の命令に応じて、あるときは京都に、あるときは戦場に、という状態がしばらくつづいた。

事情が変わるのは天正十五年（一五八七）に聚楽第《じゅらくだい》が完成してからだ。聚楽第の東北の隅、たぶん葭屋町《よしやまち》通と元誓願寺《もとせいがんじ》通が交わる辺りに、利休の役宅が与えら

千利休《せんのりきゅう》の墓所がある大徳寺《だいとくじ》・聚光院《じゅこういん》

れたのだ。

これは平安時代の陰陽師《おんみょうじ》、安倍晴明《あべのせいめい》の館の跡地（いまは晴明《せいめい》神社が建っている。本書の姉妹編『京都の謎・伝説編』参照）の北隣にあたる。

陰陽道の祈禱《きとう》師として占いや呪いを得意にし、平安貴族をきりきり舞いさせた安倍晴明の館の跡と、「わび茶」芸術で戦国武将を感動、かつ惑乱させた利休の屋敷が隣り合っていたというのも、なにやら歴史の微妙といったものを感じさせる。


こうしてはじめて京都における利休自身の役宅ができたわけだが、あくまで役宅であって自宅ではない。しかし、役宅が与えられた以上は自宅が必要になる。そこで利休は大徳寺門前の屋敷の少庵を二条衣棚《ころものたな》に住み替えさせ、そのあとを自宅にすることになった。堺の店と自宅はそのままだ。

大徳寺門前の屋敷を自宅としたことで、古渓宗陳や大徳寺と利休との関係はいよいよ深いものになり、それが利休切腹の悲劇につながっていく。

それはさておき、大徳寺門前に住むようになった利休は、この屋敷に茶室をつくった。それが「不審庵」のはじまりである。庵の名は、古渓宗陳の詩の一節に由来していると言われる。

利休生死の鍵となった大徳寺

京都における利休の茶はどこを発祥地とするか——大徳寺の門前である。

もし——歴史にもしはない、とはいうものの——古渓宗陳と利休の身に何事も起こらなかったら、小川通にある不審庵や今日庵はいまもなお大徳寺の周辺にあったはずだ。

ところが実際には、事件が多すぎた。

多すぎた事件の結果、利休は秀吉の命令に服して切腹し、大徳寺には利休が費用を寄進して建てた三門と、三門上層の利休木像が残った。この木像は一条戻《もどり》橋で利休の首といっしょに磔《はりつけ》にされ、いまの木像は明治になってからつくられたものだという。

息子の少庵は一時、蒲生氏郷《がもううじさと》に庇護されて会津若松《あいづわかまつ》にいたが、文禄三年（一五九四）に許されて京都に帰ってきた。

二条衣棚の屋敷も聚楽第の役宅も没収されていたので、少庵は小川通に新しい敷地をもとめて移り、不審庵を再興した。

13章

なぜ秀吉は三条河原《さんじょうがわら》に橋をつくったのか

——パリの凱旋門に匹敵する隠された意図

【この章に登場する主な史跡】

「三条大橋《さんじょうおおはし》から何を連想しますか」

焦っている――いまのわたしの心境です。

三条大橋の上で、行きかう人にアンケートをしたいとさえ思っています。

「この三条大橋から、あなたは何を連想なさいますか？」

これまでわたしは、「質問するまでもない、全員が『東海道』とか『江戸』と答えるに決まっているよ」と思い込んでいた。

ところが、いろいろと調べているうちに、

「ひょっとすると、違うんじゃないかな？」

と、再考の必要を痛感するに至った。

なぜか？

きっかけは「道中双六《どうちゅうすごろく》」である。正しくは「東海道中双六」と言うべきか。

サイコロの数にしたがい、江戸は日本橋《にほんばし》から東海道をくだって京都一番乗りを争う子供のゲームだ。「大井《おおい》川の手前で四の目を出すと、洪水で三日ストップ」なんていうペナルティがあり、行きつ戻りつ、京都をめざす。

三条大橋が「アガリ」で、橋の欄干《らんかん》に舞妓《まいこ》さんがもたれている絵柄になっている。遠くには東寺《とうじ》の五重の塔がかすんで見えていて——。

日本人の誰もが道中双六を楽しんだ経験あり、とわたしは思い込んでいた。

それが、どうも違う。

身近な例で、わたしと同年代の妻にしてからが、「そんなもの、知らない」と、素っ気ない反応。妻は九州は小倉《こくら》の出である。

知人友人にソロソロとさぐりを入れると、どうやら西の出身の人に「知らない」が多い。「名前は聞いたことがあるが……」もほとんど西の出身だ。

関東育ちのわたしは、京都と来れば一も二もなく三条大橋なのである。

わたしだけじゃない。故郷の友人と京都を歩けば、いつのまにか足は三条小橋と大橋に向いている。

もちろん、友人もわたしも東海道を歩いてきたわけではなく、京都駅で汽車を降りて初めて京都の土を踏んだ。それなのに、故郷につながる気分は京都駅ではなくて三条大橋からはじまるのだ。

いまだに道中双六を卒業していない。

西の人はがちうんだろう。

秀吉はなぜ三条大橋《さんじょうおおはし》をつくったのか

「淀川《よど》をのぼって伏見《ふしみ》に着き、それから歩いて、たしか東洞院《ひがしのとういん》という道から京都に入っていったよ」

こういう人はもうたくさんは生きていないだろうが、西の人にとっての「最初の京都」は京都駅か、二条《にじょう》駅なんだろう。

これからは、高速道路のインターチェンジから生まれてはじめて京都に入るケースが増えてくる。「高速道路双六」なんていうゲームは生まれないままに。

三条には橋など不要だった

「三条大橋は天正十八年（一五九〇）に架けられた。それ以前、ここに橋があったという話は聞いたことがない。『太平記』などにも三条河原とだけ書いてあるから、ちゃんとした橋はなかったようだ」

江戸時代に書かれた『都のにぎわい』という本に、この一節がある。

そのとおりだ。三条河原には橋は架かっていなかった。水面ちかく、浅瀬づたいに橋はかかっていたが、すこしでも増水すると流れてしまう浮き橋だろう。

五条や四条の橋は頑丈につくられ、それぞれ記録もあるのに三条河原には本格的な橋はなかったのである。

意外に思う人が少なくないだろう。五条橋は清水寺《きよみずでら》、四条橋は祇園《ぎおん》との関係で重要だが、それはそれ、東海道につながる三条に橋がなかったとは信じがたい。

だが、事実は事実、動かない。鴨川《かも》の三条に橋が架かっていなくても京都は京都として機能していた。

それなら、わたしたちの思い込みや常識に欠陥があるとしか思えない。

その欠陥とは何か？

まず、「東海道の起点の三条なのに……」から検討する必要がありそうだ。

東海道の下りの最初の宿は大津《おおつ》である。知恩院《ちおんいん》のあたりは粟田口《あわたぐち》というが、大津口ともいい、京都から大津へ行く道であることを示している。

だが、この大津口のほかに大津へ行く道がないわけではなかった。白川《しらかわ》から比《ひ》叡山《えいざん》の山中をぬけて坂本《さかもと》（大津の北部）に行く「山中越《やまなかごえ》」のほうが近かった。

延暦寺《えんりやくじ》の僧兵が日吉《ひえ》神社の神輿《みこし》をふりかざして攻め込んできたのもこのルートだったし、南北朝の戦乱では両軍ともにこのルートの確保をめざして陣をかまえたものだ。

織田信長はこの山中越の重要性に注目し、天下をとったのと同時に道幅の拡張、整備につとめた。

東海道のバイパス・ルート山中越は京都の東北から入るが、南のほうでは宇治《うじ》川づたいで京都に入るルートも賑わっていた。とんでもない遠回りにみえるが、大量の物資や軍隊の移動には水路のほうが効率がいい。

大津口は東海道の正式ルートなのだが、三条大橋ができるまではむしろ傍流と見られていたわけだ。

さて、天正十八年正月、豊臣秀吉は、「三条の河原に恒久的な橋を架けよ」と命令した。責任者は奉行の増田長盛《ましたながもり》である。

秀吉ははっきりと、「三条河原に」と指示した。東海道と京都は、山中越でもなく、宇治川ルートでもなく、本来のルートたる大津口経由でつながらなくてはならん、と考えたわけだ。

それは、なぜだったか?

日本完全制覇にふさわしい玄関とは？

前の年の十一月末、秀吉は小田原《おだわら》征伐を宣言した。

小田原の北条氏直《ほうじょううじなお》は秀吉の権威をまったく認めず、たびかさなる秀吉の上京命令にそっぽを向いている。

関白、太政大臣の極位極官にのぼり、豊臣の姓をうけて聚楽第《じゅらくだい》をつくり、刀狩りと検地の画期的な政策を打ち出した秀吉だが、小田原と奥州はまだ征服していない。

全国完全制覇の第一歩として小田原征伐に踏みだしたのと同時に、秀吉は三条大橋の架設を命じた。

これを考えるだけで、三条大橋の性格が鮮明になってくる。

日本を完全に支配する者の首都の陸の玄関になる、それが三条大橋に期待された役割なのである。

その日本完全支配は、こんどの小田原征伐で完成する。小田原は東日本のシンボルである。だから三条大橋は、小田原を経て奥州にいたる東日本の全体を睨《にら》んでいる。

いまの東京で考えると、東京駅には西日本があり、上野駅には奥州と北海道が、新宿駅には甲斐《かい》や信濃《しなの》がある。

それとおなじように、秀吉がつくった三条大橋には東日本があった。いや、三条大橋を頑丈につくることによって秀吉は、東日本全体を京都に引き寄せようとした、そう言うのが適当だろう。

伏見に城をつくり、城の前にひろがる巨椋池《おぐらいけ》を一大軍港にして西を引き寄せた（15章「なぜ家康は、秀吉の伏見城を落城させたか」を参照）。

こんどは三条大橋をつくって、東の全体を引き寄せようとした。これで日本完全制覇が実現する。

山中越や宇治川ルートが役に立たないわけではないが、古いうえに、日本完全制覇という意志が注《そそ》ぎ込まれていないのが秀吉には不満だったのだ。

専制権力者の秀吉の考えでは、道や橋は、ただ役に立てばいいとか、そこにあればいいというものではない。強い意志が込められていなくてはならないのである。

三条大橋は、どういう橋でなければならないか、その意味は奉行の増田長盛にも正確に理解されていた。

いまの三条大橋の欄干《らんかん》は木造である。下部構造は変わっているが、欄干だけは今も昔のままの木造だ。

欄干の上部は青銅製の「擬宝珠《ぎぼし》」で覆《おお》われていて、増田長盛が起草した銘文が刻まれている。

「洛陽《らくよう》三条の橋、後代にいたるまで往還の人を化度《けど》（たすける）すべし。盤《ばん》石《じゃく》の礎《いしずえ》、地に入ること五尋《ひろ》。功石の柱六十三本。けだし日域（日本）における石柱橋の濫觴《らんしょう》なり。天正十八年庚寅正月、豊臣初之御代奉、増田右衛門尉長盛、これを造る」

説明文も興奮しているが、増田長盛の自己宣伝もなかなかのものだ。この橋には、それくらいの価値はある。

いまの三条大橋は昭和二十五年に架けかえられたもので、擬宝珠は秀吉時代のものをそのまま使っているとか、十二のうちの何個かは本物で、ほかは模型だとか、いろいろ話を聞いたが、確かめてはいない。

擬宝珠はともかく、石の柱なら本物が見られる。手近なところでは平安神宮。神苑《しんえん》の池の中央の橋殿を東から西に渡ったところに和風の建物があり、そのそばに三条大橋に使われていた石の柱が保存されている。そのほか、京都国立博物館の庭にも石柱がある。

話をもどして、三条大橋は三月一日には一応完成していた。

いかに秀吉の権威とはいえ、一カ月前後で完成とは早すぎるような気もするが、とにかく三月一日には小田原征伐の大軍が大橋を越えて出陣していった。

「洛中洛外の諸人はもちろん、奈良大坂、遠くは堺からも秀吉の出陣を見ようと人が集まってきた。三条河原から東、山科や粟田口、日ノ岡、四条河原、大津までの道は見物の桟敷《さじき》で埋めつくされた。歯を黒く染め、いつものように作り髭をつけた秀吉は黄金づくりの太刀《たち》をさして、あたりも輝くばかり、見物人を上機嫌でご覧なされながら出ていかれた」（『武功夜話《ぶこうやわ》』意訳）

四カ月の反抗で北条氏直は降伏するが、小田原の戦果はこれだけではない。北条と同じく秀吉に反抗していた奥州の伊達政宗《だてまさむね》がついに降伏の決意をかため、小田原にやって来て秀吉の前に平伏したのだ。

伊達政宗《だてまさむね》には屈伏の象徴だった三条大橋

秀吉に臣下の礼をとった政宗は奥州に帰り、その後を追うように秀吉は会津《あいづ》まで軍をすすめてから京都に凱旋した。

ところが、秀吉の帰京をみはからったかのように奥州では農民の大一揆が起こり、その裏には政宗の煽動《せんどう》があるという噂が起こる。

秀吉からは詰問《きつもん》の使者が走り、江戸城主になったばかりの徳川家康の口利《き》きもあって政宗は、みずから上京して弁明につとめることになった。

天正十九年閏《うるう》一月二十二日、まず家康が入京し、二月四日に政宗が入京した。秀吉の疑惑は解け、伊達政宗は奥州最大の大名の地位を安堵《あんど》されたのである。

三条大橋を渡って、「東日本」という捕虜が京都に連れられてきたと言えばいいだろう。

作り髭の秀吉が小田原めざして渡っていったとき、大橋は予感に恐れ、おののいていた。

その予感とは、「凱旋橋にならねばならぬ運命」である。

「東日本」という重い存在の捕虜を引きつれて威風堂々と凱旋する、そのためにこそ秀吉は三条大橋をつくらせたのであり、増田長盛の言うように、「末代までの人民の便利のために」なんていうものではなかった。その役割を無事につとめられるか、どうか。

大橋が感じた不安は杞憂《きゆう》に終わった。北条氏直は降伏、ついで伊達政宗も屈伏し、徳川家康にひきずられるかたちで三条大橋を渡って入京した。

大橋は、「凱旋橋になる」という役割をみごとに果たしたのである。

関東一円に領地をもつ徳川家康と奥州の覇者の伊達政宗が相次いで三条大橋を通って秀吉に挨拶した。

五年前に和睦《わぼく》してからは秀吉に対して一度も反旗をひるがえしたことのない家康だが、小田原征伐の直後に移された関東は政宗の奥州と隣り合っている。二人が同盟して反旗をひるがえす恐れはきわめて濃厚だった。

そういう事情を考えれば、家康と政宗が踵《きびす》を接して三条大橋を通って入京したのは、じつに大きな意味を持っていた。

三条大橋は、秀吉の全国制覇を証言するためにつくられた橋なのだ。ヨーロッパを席巻《せっけん》したナポレオンはパリに凱旋門を建てたが、秀吉は凱旋門ならぬ凱旋橋

欄干だけは昔のままの木造で残る三条大橋

を京都にぶっ建てた。

もし小田原征伐が失敗し、政宗の屈伏が実現しなかったならば秀吉は、「あんな橋、ぶっこわせ！」と命じたにちがいない。

戦国時代の繁華街・三条町

三条大橋は凱旋橋になり、橋から西へつづく三条通の両側は賑わうようになった。

ところで、旅行者はもちろんのこと、京都に長く住んでいる人でも、「三条町」という町の名を聞いた人は少ないだろう。

京都にはチョットうるさいんだと自負する人は多いから、「三条町なんて……三条河原町の間違いだろう」と、あっさり片づけられ、悪くすると、「あいつ、知ったかぶりをしやがって」と、軽蔑の視線をあびる恐れもある。

いまでは、京都の繁華街というと四条河原町《しじょうがわら》や三条河原町が連想され、三条通の西、寺町通と交差するあたりまではともかく、そこから西は淋しくなる印象をうけるのはやむをえない。

しかし、三条大橋の完成によって飛躍的に活発になったのはまずこのあたりで、とくに三条通と新町《しんまち》通の交差する三条町あたりは新旧とりまぜた、あらゆる種類の商品を並べる店屋が軒《のき》をつらねるようになった。

現代の「商店街」や「百貨店」につながるものが誕生したといえる。

特定の者に特定の商品を提供するよりは、あらゆる種類の商品を店に並べて不特定多数の者を客として引き寄せる。「三条町に行けば、ないものはない」という人気に支えられての商法は、まさに現代につながるものといえる。

そしてこの三条町は、東海道の行き止まりではなかった。

さらに西へ進んで大宮《おおみや》通を越えると、丹波《たんば》につながる丹波口だ。丹波の西には北陸や日本海の物産と文化がある。

こういうふうに考えていくと、北日本と東日本とをむすびつけたのが三条大橋で、三条町がそのセンターだったという、じつに壮大な構図が浮かんでくる。

三条通の新京極《しんきょうごく》、あるいは寺町通の東側ではたくさんの観光客を見かけるが、いちど足を西に向けてはいかが、とお勧めします。

14章

なぜ〝出雲《いずも》の阿国《おくに》〟の踊りが北野《きたの》発祥なのか

——北野神社の境内《けいだい》で人々を驚かせた〝歌舞伎《かぶき》踊り〟

【この章に登場する主な史跡】

阿国歌舞伎発祥の地は、南座《みなみざ》か

京都の人は、こんなことを言っていたものだ。

「大阪から京阪《けいはん》電車に乗って、七条、五条が過ぎて四条の南座《みなみざ》の高い櫓《やぐら》が見えてくると、ああ、帰ってきたなと思う」

それも数年前までのこと。電車が地下にもぐってしまってからは、南座の櫓を電車から見ることはできなくなった。

さて、この南座が阿国歌舞伎《おくにかぶき》発祥の地の跡に建てられているという説が古くからいわれていて、南座の西側には「阿国歌舞伎発祥地」と記した石碑も建っている。

阿国が歌舞伎踊りをはじめた女性の名前であることは、多くの人の常識になっているはずだ。だが、彼女が歌舞伎踊りをはじめた場所に南座が建てられたというのは正しくはないとするのが、近ごろ有力な説になっているようだ。

では、本当はどこなのか？

北野《きたの》神社（天満宮）の境内《けいだい》であった。

京の人々を驚嘆させた阿国の踊り

阿国が歌舞伎踊りをはじめたのは慶長《けいちょう》八年（一六〇三）だったといわれる。

そのころの京都の繁華街というと、南では五条河原の東側、北では北野神社の境内だった。五条といっても、いまの五条ではない。このころは現在の松原《まつばら》通が五条通といわれていて、清水寺《きよみずでら》参詣の人々で賑わったのが五条橋の東詰だった。五条橋東詰が歓楽街になったのは室町時代の後期かららしいが、北野のほうはもっと古くから、なにかにつけて人々の集まる場所だった。朝廷が主催《しゅさい》する官祭や菅原道真《すがわらのみちざね》の霊を慰める各種の祭礼、そして貴族の歌合《うたあわせ》があり、室町幕府が主宰した勧進猿楽《かんじんさるがく》には万余の群衆が詰めかけた。

となると、格別の行事がない日でも、「北野に行けば誰かに会える、なにか面白いことにぶっつかる」というわけで、北野はいつも賑わう。

さて、阿国がこの北野の境内で歌舞伎踊りを初めて踊り、京都の人を驚嘆させたのは慶長八年三月二十五日であったという。

なぜ北野を選んだのかは、先に書いたことを覚えていれば問うまでもない。プ

出雲《いずも》の阿国《おくに》が歌舞伎《かぶき》踊りを舞った北野《きたの》天満宮

ロのダンサーとして名前を売り出す、または新しい傾向のショウを披露するのは北野のほかにはなかったのだ。北野で成功すれば京都はもちろん、日本中に名前が広まっていくのである。

人が集まる場所ならばどこで踊っても同じ、とはならない。芸能をとりまく環境には、どこかに必ず神にゆかりのものがなければならない。神に奉納するということが芸能の第一歩なのだから。

阿国は成功した。

「おどろいたよ、見たか？」

「評判を聞いて飛んでいったよ。いままでにない踊りだな」

「変わっている、とにかく変わっている」

「所作《しよさ》の色っぽさときたら……ああ、背中がゾクゾクッとしてくる！」

「なんでも、カブキオドリと言うんだそうだが……」

「カブキオドリ……なるほど。いかにもカブイテいる」

阿国の踊りはカブキオドリといわれた。

では、カブキオドリとは、どんな踊りなのか？

良識を無視した歌舞伎踊り

カブクとは「傾《かぶ》く」である。常軌を逸した言動、自由奔放な行動をするのがカブキだ。阿国が北野で見せた踊りは、従来の踊りや舞いといったもののイメージからはまったくかけはなれていた。「これが踊りか?」と、驚嘆の声と視線で見られたのである。

阿国の登場を記録した資料として有名なのは『当代記《とうだいき》』という書物だが、かなり時代が下がってから書かれた本だから、日時についてはあんまり信用がおけないという難点がある。とはいえ、歌舞伎踊りの内容の記述には問題がなかろうと思われるので、意訳してみる。

「このころ、『かぶきおどり』というものがあった。出雲《いずも》国の巫女《みこ》のクニという女が工夫し、京都にのぼって演じたものである。どんな踊りかというと、クニは異様な男装で現われる。刀や脇指を差し、すべてにおいて異様な衣装である。そして、男が茶屋女とたわむれる様子を巧妙に演じてみせた。京都の上下貴賤《きせん》、みな拍手喝采をおくったものだ。クニは伏見《ふしみ》城へも参上して、しばしば踊った」

出雲の巫女だと紹介したあとに、細い字で「名前はクニという。ただし、好《よ》い女ではない」とわざわざ注をしているのがおもしろい。

茶屋といえば現代のバー、キャバレー、待合《まちあい》に相当するわけだが、客と女のイチャイチャ模様を演じたというのだから、これは踊り——ダンスというよりはシヨウに近いというべきだろう。

『当代記』のこの部分、原文では「たとえば」と断わっておいてから書かれているから、阿国の歌舞伎踊りのレパートリイが茶屋女と客のイチャイチャだけではなく、歌あり踊りありの進行のなかにイチャイチャがあって、それが観衆の度胆《どぎも》を抜いたということらしい。

名古屋の徳川美術館に保管されている「歌舞伎図巻」の写真版をご覧になった方は多いだろう。若衆姿の女優が袖を二の腕までまくりあげ、片手は床に立てた刀の鞘《さや》にかけ、片手は白扇をつまんでいる。額《ひたい》にはきりりと鉢巻きをして、頸《くび》飾りはロザリオである。ロザリオの先にはクルス（十字架）が光っている。

ロザリオを頸にかけているといっても、この女優がキリシタンだというわけではなく、たんなる装身具だ。慶長八年といえば、キリシタンが公然と生きるのはむずかしくなっている。

しかし、ロザリオがキリスト教の聖なる祈禱具《きとうぐ》だということは当時の人のほとんどが知っている。歌舞伎見物に興じる人のなかには、処罰を恐れて泣く泣く信仰を捨てた人も少なくないはずだ。そういう人々は、女優の頸のロザリオを見て、「なんという冒瀆《ぼうとく》！」と憤《いきどお》るにちがいない。キリスト教に縁のない人でも、眉をひそめるだろう。あんなことまでしなくてもよかろうに、と。

そういう良識を敢然と無視して舞台に上がり、濃厚なラブシーンを演じきる。それがカブキであり、カブキ者である。

歌舞伎踊りとはなんであるか――一口に言えばカブキ者の演じる舞台芸能である。

阿国は職業としてカブキ者になり、舞台にのぼった。その阿国の踊りが歌舞伎踊りである。

〈出雲のややこ踊り〉から大胆に変身

さてところで、北野は舞台芸能の檜《ひのき》舞台だった。

常設の舞台があったわけではなく、興行《こうぎょう》しようとする者が自分で簡単な舞台をつくったのだろう。

それにしても、どんな者でも自由に舞台をつくって演技を披露し、収入を得られたのだろうか？　北野神社の管理という問題もあるはずだ。現代とはちがうにせよ、興行という産業をとりまく環境はなかなか複雑なのである。

そういうことを考えると、阿国がいきなり北野に登場したはずはない、それまでにいろいろと経過があったはずだという疑問が湧いてくる。

そのとおりだ。

歌舞伎踊りをはじめる前から阿国は、「ややこ踊り」という舞踊をおどっていた。

阿国をふくめて十人ほどの男女で編成されたプロの舞踊チームがあって、「出雲《いずも》のややこ踊りの一座」としてかなり名を知られていた。出雲の巫女を中心とするチームということをキャッチフレーズにしたわけだが、出雲出身でも巫女でもなく、大和《やまと》を根拠にしていた舞踊の座というのが有力な説になっているそうだ。

では、ややこ踊りとは、どういう踊りか？

十歳前後のいたいけな少女が二人で組んで、大人の恋の歌をうたい、不器用な振り付けに合わせて踊る、それがややこ踊りであったようだ。「ややこ」とは赤ん坊のことだが、赤ん坊が踊るわけはない。少女二人の幼稚さ、あどけなさを強調したいあまりの「ややこ」なのだ。

ややこ踊りという言葉が史料に現われる最初は天正《てんしょう》九年（一五八一）だそうで、阿国が歌舞伎踊りをはじめる二十二年前だから、これは阿国の一座がはじめたものではないだろう。

ややこ踊りは、宮廷や北野、あるいは公家《くげ》の屋敷で演じられた。

ところで、複数のややこ踊りの座があったから、競争になる。規模は小さいながら、土木業者が公共土木事業の受注を争うのと同じだ。政界有力者のコネをいかに多く持っているかで勝負が決まる。

阿国の一座の経営者の営業能力は抜群であったらしい。宮中や公家の屋敷に呼ばれる日が多くなり、こう言っては大袈裟《おおげさ》だが、「ややこ踊りなら出雲から来た一座だね、ほかは落ちるよ」という具合になったらしい。

京都だけではない。阿国の一座は浜松《はままつ》（あるいは駿府《すんぷ》）や大坂まで出かけていったと推測できる記録があるといわれる。ほかの地方にも行ったが記録に残っていない、という推測も可能だ。

ややこ踊りでは第一の評判をとった阿国の一座だが、そのうちに頭痛の種がもちあがる。

阿国が大人の女に成長してきたのである。もう、「ややこ」とはいえない。どうするか、頭をひねり悩んだ結果が、歌舞伎踊りという新スタイルの考案になったのだろう。

「阿国よ、思いきって異様な衣装を着るのじゃ」

「思いきって……それならば、あの、カブキモノと言われる方々の真似《まね》をすれば……」

「カブキモノ……それだッ」

阿国の一座の経営者は、歌舞伎踊りを発表する時期についても計画を練りに練ったにちがいない。

阿国《おくに》歌舞伎発祥の地と言われる南《みなみ》座《ざ》

慶長八年の春の京都、そこでは徳川家康が征夷《せいい》大将軍になった拝賀の式が盛大に行なわれる予定になっていた。

京都の街は沸《わ》き返るにちがいない。

「まあ、なんて可愛らしいこと！」と拍手喝采を浴びていた「ややこ」の阿国がカブキモノに変身し、まったく新しいスタイルの歌舞伎踊りをひっさげて登場するにはまたとないチャンスなのだ。

もちろん舞台は、北野である。

四条河原で成功した阿国のライバル

そういうわけで、「阿国歌舞伎発祥地」は南座ではなくて北野だった。

そうは言っても、南座のある場所が歌舞伎発祥にまったく無縁だということにはならない。それどころか、大いに関係がある。

ここでもまた歌舞伎が発祥したのである。

ただしそれは阿国の歌舞伎ではなく、別の歌舞伎だった。

慶長十三年ごろ、四条河原で「遊女歌舞伎」という大規模な興行がはじまった。『東海道名所記』によると、六条柳町《やなぎまち》で遊女屋を経営していた佐渡島屋《さどしまや》という者が四条河原に舞台をつくり、自分が抱えている多数の遊女に踊りをおどらせた、という。別の資料では「女歌舞伎」という表現になっているが、ともかく数万人が見物に詰めかけたというから、いかに歌舞伎踊りの祖の阿国といえども真っ青になったろう。

「四条河原遊楽図屏風」という絵を見ると（わたしが見たのは写真版だが）、舞台の真ん中で一人の女が弦楽器を弾《ひ》いていて、そのまわりを十人ほどの女がぐるりと取り巻いて踊っている。楽器が三味線《しやみせん》だとすると、これは船来して間もない最新型の楽器ということになる。佐渡島屋の資本の大きさがうかがえる話である。

観客席の手前には竹でつくった柵《さく》のようなものがあるから、ここに木戸口《きどぐち》をあけて入場料を取っていたと思われる。

公演予告の文章も載っているが、それには「佐渡島大《おお》歌舞伎」の文字がある。「大」の字は、阿国が北野でやっている歌舞伎を「小《こ》」または「古い」と見下しての自尊にちがいない。

遊女屋という大資本が歌舞伎興行に乗り出したのだ。阿国としては「歌舞伎という名称の使用中止の仮処分」を訴えたいところだが、佐渡島屋のほうでも、その筋に打つべき手は打っているはずだ。

佐渡島歌舞伎の舞台は、客が遊女を選ぶショウ・ステージにもなっていたはずで、となると、ますます阿国には不利な状況になってきた。それは興行区域としての北野の衰退をも予告していた。

秀吉が催《もよお》した〝大茶会《だいちゃかい》〟の記憶

佐渡島歌舞伎が核になって、四条河原は興行区域として発展しはじめた。元和《げんな》年間（一六一五～二四）になると、四条河原以外の興行区域は史料から姿を消してしまい、芝居といえば四条河原の芝居だけを指すようになってくる。

では、いったいなぜ佐渡島屋は北野に乗り込まず、といって五条河原でもなく、興行区域としてはなんの歴史も持っていない四条河原に進出したのだろう？

徳川幕府の京都出先機関、つまり京都所司代《しょしだい》の意向が関係していたと考えられる。遊女屋や芸能興行には権力のきびしい統制がつきものだ。

佐渡島屋は、北野の興行区域としての将来に見切りをつけていたのだろう。北野の阿国歌舞伎には引導をわたしてやったという勝利感に酔っていたのだと思

北野天満宮にある秀吉の大茶会《だいちやかい》記念碑

う。

そして、「どうか五条河原の興行にご許可を」と願い出たはずだ。だが所司代は許さず、「四条河原なら許さないでもないが……」と、所司代みずから四条へ誘うような対応をしたのだろう。

では、なぜ幕府は五条河原を嫌って四条河原をすすめたのか?

五条河原は豊臣家ゆかりの建物に近かったからにちがいない。秀吉が建てて秀《ひで》頼《より》が再建した方広寺《ほうこうじ》（大仏殿）があり、秀吉の霊を祀る豊国《ほうこく》神社もある。

豊臣政権を平和的に継承したとしている徳川ではあるが、内心では、京都から一日も早く豊臣家ゆかりの色彩を消したいのである。その意味で、五条河原に人が集まるのは歓迎したくない気分なのだ。

表向き、「五条河原に集まって楽しんではならん」と言えないのが苦しいところで、もし佐渡島屋の願いを許したら五条河原をますます繁栄させてしまう。そういうわけで、五条河原での遊女歌舞伎興行は許可されるはずがなかったのだ。

もし、佐渡島屋が「北野に……」と願ったとしても許可されなかったろう。京都人の胸には、秀吉が北野の境内でひらいた大茶会《だいちゃかい》（一五八七）の豪勢で楽しい記憶はいまなお強く残っているし、北野の社殿を再建したのは秀頼だったのだから。

佐渡島歌舞伎がいつまでつづいたのか、詳しいことはわからない。所司代の板《いた》倉《くら》勝《かつ》重《しげ》は四条河原に七つの櫓《やぐら》を許可した。櫓を上げることを許されない小屋は「小芝居《こしばい》」といった。

南座は櫓を許可された芝居のひとつだが、はじめは南座とは言わず、ただ「南の芝居」と言っていた。

（参考――芸能史研究会編『日本芸能史　4』）

15章

なぜ家康は、秀吉の伏見《ふしみ》城を落城させたか

——徳川の浮沈をかけた奇異な命令とは何か

【この章に登場する主な史跡】

家康の忠臣の意外な武功

まず、次の文章を読んでいただく。鳥居元忠《とりいもとただ》という人について書かれたものです。

「江戸城西丸《にしのまる》の玄関まえにある多門櫓《たもんやぐら》は焼けた伏見城の廃材でつくったもので、鳥居元忠の自害の跡が残っているそうだ。

見た人の話では、まず、二階の書院番頭の詰め所に『さわらずの柱』がある。元忠が寄りかかって切腹した柱で、元忠の精気が移っているから、人が近寄ると異変が起こるという。

奥のほうには『掃《は》かずの間』がある。元忠の自害のときの敷物や、最後に使った石の手水鉢《ちょうずばち》や柄杓《ひしゃく》もある。動かすと異変があるから、この部屋は掃除はしないことになっているそうだ」（松浦静山『甲子夜話』意訳）

松浦静山《まつらせいざん》が『甲子夜話《かっしやわ》』を書き出したのは文政四年（一八二一）で、元忠が自害した伏見の合戦から二二〇年も過ぎている。それでもまだ、鳥居元忠の勇ましい最期《さいご》の様子は怪奇まじりのエピソードの形で語り継がれていた。

徳川幕府の歴史のなかで、鳥居元忠という人は怪奇まじりのエピソードで語り継ぐだけの価値がある人物とされていたわけだ。

徳川家康と元忠の訣別の場面も、溜め息まじりに、ひとつの神話として語り継がれていた。

慶長五年（一六〇〇）六月、家康は「会津《あいづ》の上杉《うえすぎ》を討つ」と称して大坂から江戸に向かった。石田三成《いしだみつなり》など、秀吉の遺臣のうちの武闘グループはこれをチャンスと見て攻撃に出るにちがいなく、伏見城が真っ先に攻撃されるのは明らかだった。

伏見に立ち寄った家康は、鳥居元忠に伏見の留守役を命じた。「死守せよ」と、言葉には出さないものの、家康にも元忠にも、これが「伏見城死守」を意味しているのは無言のうちに通じている。

「たくさんの兵を付けてやりたいとは思うものの、それが、できんのじゃ」

家康が、申しわけないといった表情で言うのをさえぎって、元忠がこたえる。

「会津は強敵です、一人でも多くの兵をお連れにならなければなりません。伏見は、わたし一人で充分。万が一のことが起こるとしても、近くには味方の大名もなし、たとえ十倍の兵をおあずかりしたとて、防ぐことはできません」

しばらく口を閉じ、下を向いたままの家康が、言った。

「はじめて会ったとき、わしは十一、お前は十三。あれから、長いことじゃ」

「会津のことが上首尾に終われば、またお目にかかるときもありましょう。事があれば、今宵こそ永《なが》のお別れ……」

家康は下を向き、落ちる涙を袖でぬぐうだけだった。

七月十九日、小早川秀秋《こばやかわひであき》と島津義弘《しまづよしひろ》の大軍が伏見城を包囲し、二十日間の総攻撃によって鳥居元忠以下千八百の守備兵は全員戦死、攻撃側にも三千人を超す死傷者が出た。

伏見の合戦を知った家康は、会津攻めの途中から引き返し、関ケ原に飛んで帰って西軍を大敗させた。

伏見の前哨戦がなければ、関ケ原の合戦は起こらなかった。

鳥居元忠は大変な武功をあげた。家康の覇権の基礎を築いたとも言えるのだから、のちのちまで語り継がれるのは当然だ。

しかし、である。

元忠の武功に対する家康の感謝の表現はオーバーだった。まるで、「元忠の武功はただの武功とは違う」と言っているみたいなのだ。

なぜなんだろう?

驚くべき領地加増の謎

元忠に対する家康の感謝は、どれくらいオーバーだったか。

元忠は下総《しもうさ》の矢作《やはぎ》で四万石の知行《ちぎょう》だった。関ケ原合戦の二年目、元忠の息子の忠政《ただまさ》に六万石を加増して十万石とし、奥州の磐城平《いわきだいら》に移した。

西方大名の領地を分捕ったから、元手はふんだんにある。それにしても、四万石の者に六万石の加増はオーバーだ。

おなじ年の加増の例をみると、まず、家康の六男の松平忠輝《ただてる》は武蔵《むさし》の深谷《ふかや》で一万石だったが、四万石プラスの五万石。家康の遠い親戚とか落胤《らくいん》とか言われ、のちには老中になる土井利勝《どいとしかつ》でさえ千五百石に八千五百石プラスの一万石だ。

前田利長《まえだとしなが》の三十六万石プラス、加藤清正《かとうきよまさ》の二十七万石プラスなんていう巨額の

往時の伏見《ふしみ》城を再現した〝伏見桃山《ももやま》城〟

例もあるが、これはメジャーリーグ級の大名である。家康子飼いの三河武士では、忠政のように四万石プラス六万石は例外中の例外だ。

大坂から来て伏見に籠城した佐野綱正《つなまさ》は、紀伊《きい》・水戸《みと》・尾張《おわり》の御三家の夫人を守れという命令そっちのけで武功をあげようとしたとの理由で、息子の吉綱《よしつな》には三千石から二千二百石マイナスの八百石。綱正が大砲の暴発で死んだのはあっぱれと言えないにせよ、犬死に扱いはひどい。八十五人の家来全員とともに戦死した松平家忠《いえただ》の息子の忠利《ただとし》は、武蔵から故郷の三河深溝《ふこうず》への移封を許されたが、領地の加増はなかった。

まだある。

元和《げんな》八年（一六二二）、忠政は一挙に倍増の二十万石で出羽《でわ》の山形に移るのだ。

どうしてこんなに、元忠の子の忠政ばかりが愛されるの？　あっぱれ戦死をとげた者はたくさんいるというのに！

伏見城を守って戦死した、その武功の重さを評価するにやぶさかではないが、少し度が過ぎやしないか？

元忠・忠政父子の愛され方は謎めいていると言いたい。

そして、もしかするとその謎は、伏見城にあるのかもしれない。

秀吉の政庁だった伏見城

天正二十年（一五九二）、秀吉は伏見山の南西の麓《ふもと》、指月《しげつ》の森に隠居屋敷をつくった。もともと伏見は公家の別荘がつくられた場所だから、秀吉も隠居所のつもりだったろう。

完成しかかったところで秀吉は、本格的な城にせよと設計変更を命じる。これもまた完成しかかったところで地震に遭《あ》い、指月の森から伏見山の山上一帯に場所を移して工事再開、慶長二年（一五九七）に完成した。秀吉は六十一歳、来年の八月十八日までの命だとは知らない。

伏見には面白い地名が残っている。

「永井久太郎」「島津」「長岡越中」「井伊掃部《かもん》」「毛利長門《ながと》」「板倉周防《すおう》」——きりがない。

大名全員が秀吉に屈伏して伏見に集められ、屋敷をつくらされた、その名残《なごり》である。平《たいらのきよもり》清盛はもちろん、源《みなもとのよりとも》頼朝にも足利尊氏《あしかがたかうじ》にも、ついに実現できなかったことだ。

伏見城は平城《ひらじろ》ではなくて、山城《やまじろ》だが、それが伏見城の性格をよく示している。秀吉はすでに覇権を掌握した。戦うべき敵は国内には存在しない。だが、秀吉はここに城をつくった。それはなぜか。

伏見は日本全国を統括支配する秀吉の政庁である。京都の聚楽第《じゅらくだい》も明らかに政庁としてつくられたが、秀吉は、平安京の遺跡の上に同居するのが不満になってきた。つまり政庁所在地としての京都は捨てられ、伏見が代わるのである。

軍事面をないがしろにするわけにはいかないが、その点は、きちんと計算されていた。

それは何か？

伏見城の南には宇治《うじ》川の遊水池「巨椋池《おぐらいけ》」が広がっていた。水深は浅いが周囲は十六キロ、湖といってもさしつかえない。

秀吉はこの巨椋池を、伏見城に南接する軍港に作りかえたのだ。伏見城そのものより、軍港巨椋池の建設のほうが工事の規模は大きかったといえる。

宇治川は、宇治橋からほぼ西に進んで巨椋池に流れ込んでいた。それを、大きく北に迂回させ、宇治川沿いに伏見に入る陸上ルートを遮断した。

城の真南から南へ一直線、水上の道の「小倉堤《おぐらづつみ》」を築き、また池の西南にも堤を築いて木津《きづ》川と桂《かつら》川沿いの陸上ルートも遮断した。

その結果、どうなったかというと、九州・四国・中国はもちろん、東海や関東からの軍隊は、池に船を出すか、監視の目にさらされて池の上の小倉堤を進むかしないかぎりは伏見に接近できないことになった。

城に近づけば近づくほど袋の奥深く入る恰好になるから、水上の接近も困難だ。また、水上の一本道たる小倉堤を進軍するのは、さあ撃ってくれ、と胸を出すようなもので、愚かきわまる戦術になってしまう。

以上のことは、京都大学の足利健亮《あしかがけんりょう》教授の研究「秀吉はなぜ伏見城を築いたか」を参考にさせていただいた。

足利教授はさらに、「問題はないわけではないが」と断わったうえで、秀吉はこのとき、宇治橋をとりこわして伏見に運び、城から小倉堤にかかる豊後橋《ぶんごばし》（いまの観月橋）をつくったのではないかと推測する。

あの宇治橋が撤去されたとしたら、軍隊はもちろん、ふつうの旅人さえ、水上の一本道に満身をさらして伏見に入るほかに方法はない。伏見港を南にひかえた伏見城の防衛は鉄壁である。

伏見港はまた、淀川を経て瀬戸内海につながり、東南アジアを版図《はんと》におさめようという秀吉の艦隊の基地になるはずだ。

ところが、伏見の城と港をほぼ完成させた時点で秀吉は亡くなり、城も港もそっくり家康の手に落ちた。

家康は、伏見の城と港を、どうするか――これが新しい問題になる。

「伏見城死守！」という命令の矛盾

家康には城も港も要《い》らない。

秀吉が伏見の山と川と池に巨大建設をはじめる四年前、家康は関東に移り、江戸の城と町の建設にかかっていた。

家康がめざすのは、幕府の樹立である。

皇室のある京都はともかく、伏見なんか邪魔なだけだ。大坂城に匹敵する軍事能力を持つ伏見は、家康にとって邪魔なだけではなく、恐るべき存在だ。もしも強力な敵が伏見を手に入れたとしたら――。

伏見城は抹殺するしかない、それが最上の策だ。

伏見城天守閣跡に設けられた明治天皇陵の参道

といって、秀吉の遺言で手に入れたことになっている伏見城と港だから、自分の手で破壊するわけにもいかない——と、ここまでくれば答えは出たも同然である。

敵の手によって破壊させる。

つまり、鳥居元忠という爆弾を仕掛けておき、それを石田三成に叩かせればいい。爆弾の元忠が爆発して、伏見の城と港を吹っ飛ばしてしまうわけだ。

爆弾になれと命令され、元忠は従った。

爆発料とみれば、息子の忠政がプラス六万石の恩賞にあずかっても不思議ではないかもしれない。

しかし、誰にでもすぐ気づくように、この解釈は甘い、甘すぎる。

主君が「空を飛べ！」と言ったらすぐに飛び上がるのが武士というもの。命令服従に対して支払われるのが恩賞で、結果についてではない。そうでなければ、そもそも武士の主従関係が成り立たない。

しかし元忠が、「伏見城死守」の命令に従って籠城に入った瞬間、家康と元忠の主従関係は切れた。そしてこの瞬間、元忠の息子の忠政と家康とのあいだに新しい主従関係が生まれた。

伏見城の元忠はもう家康の家来ではない。ただの生身の人間だ。

あなたが元忠なら、どうする？

家康相手に〝取引〟した伏見城の元忠

元忠の公式な伝記、『寛政重修諸家譜《かんせいちょうしゅうしょかふ》』を読んでいると、「おや、これは？」と首をかしげる箇所に出会う。

会津の上杉を討つ、と称して関東へくだった家康に対して、元忠は少なくとも三回にわたって公式報告をし、ほかに、息子の忠政に対して長文の遺言状を書き遺したのだ。

多過ぎやしないか、念の入れ過ぎというものではなかろうか？

公式報告（1）
「石田三成の使者がまいり、城をあけわたせと申しました。わたくしは、これを拒否し、討ち死にの覚悟をつたえました。ご安堵《あんど》ください」
公式報告（2）

「小早川秀秋が、西方を裏切ったと称し、ともどもに籠城したい、と申し入れてきました。わたしの一存では決めかねる、関東へ直接うかがっていただきたい、と返事をしておきました」

公式報告（３）

「毛利秀元《ひでもと》を大将とする西方の大軍が城を包囲しました。誰が味方で誰が敵か、それさえ判然とせぬ状況です。わたくしはただ、城を枕に討ち死にをとげ、天下の士に義を勧め、徳川家の風儀として、あずかる城を他人にわたすしきたりのないことを世にしめすつもりです。以上、決死ときめた次第であります」

伏見城の鳥居元忠は、家康を相手に〝取引〟をやりだしたのだ。

ふつうの家来なら、じつにケシカランことだが、「伏見城とともに爆発せよ」の命令に服した元忠である、もう家来ではなくて生身の人間だ。つい先日までの主君家康に対して、〝契約〟とか〝取引〟といった交渉をするのが許される、あるいは可能である。

元忠からの報告は、家康ひとりではなく、側近の目に留まり耳に入る。

「伏見は、どうなった？」

「元忠が開城拒否を通告した」

「やったか！」

「開戦は、いつになるのじゃ？」

鳥居元忠の〝値段〟がウナギノボリに高騰していく。

そして極めつけ——息子の忠政に遺言状を書いた。

この遺言状だって、父から息子へ、極秘に渡されたとは思えない。

「他人に見られてもかまわない。いや……」

できれば、上さま（家康）のお目に留まってから忠政に渡ったほうが——そんな計算をしたかもしれない。

遺言には、なんと書いてあったか。


「国、所領に目が眩《くら》み、または、いったんの不足に旧恩をわすれ、仮初《かりそめ》にも別心《べっしん》すること、人の道にあらず。たとえ日本国中がことごとく御敵《おんてき》に与《くみ》して背《そむ》くとも、我等が子孫、尽未来《じんみらい》、他家に足を入るべからず。とにかく一命は御為《おため》に捧げおきたると心腹に思いつめたらんには、千変万化の急難《きゅうなん》がさしきたるとも、卒《そっ》とも恐れ、周章《あわて》ることはあるまじ」

「息子よ、ついに父は、この大いなるチャンスを手に入れたぞ。お前に、たっぷりの恩賞、間違いなしじゃ！」

あからさまに、しかも堂々と遺言したと知ったら、家康ならびに側近の人たち、財布の紐をゆるめざるをえない。

「徳川の浮沈がかかる決定的瞬間に、命令に服して命を捨てた。それなのに、なんだ、アレッポッチ！」

ほかの者にこう思われるのは、なんとしても避けたい。

そういうわけで、戦死した鳥居元忠と忠政父子が手に入れたプラス六万石は、命令服従が一万石、率直かつ鮮やかな取引の報奨が五万石という内容だったと思う。

天守閣跡につくられた明治天皇陵

鳥居元忠が自害したのは伏見城の本丸で、天守閣の跡にあたるところに明治天皇陵（伏見桃山陵）がつくられた。東裏に皇后陵、参道の途中に乃木《のぎ》神社がある。

明治天皇陵の近くにある乃木《のぎ》神社

焼けた伏見城は家康の手で修復され、家康はここで征夷大将軍就任の儀式をあげた。元和九年の三代家光《いえみつ》の将軍拝任式を最後に取り壊され、そのあとに桃の木が密生したので、「桃山」と呼ばれる。

この時代を「伏見桃山時代」ということがあるが、桃山そのものは「伏見桃山時代」が終わってからできた山だ。

現在、残されている伏見桃山城は、旧伏見城のお花畑山荘があった場所に再現されたものだ。往時の伏見城の一端を伝えようと考えられて建てられたものだろう。

16章

なぜ高瀬《たかせ》川が、大覚寺《だいかくじ》と深い因縁《いんねん》を持つのか

——戦国以来、疲弊した京都を救った男とは？

【この章に登場する主な史跡】

運河として造られた高瀬川

いまはもうむかしのこと、暮れに、北京《ペキン》からのお客さんを案内して夜の京都を歩いた。

「李《リ》さん、この川の名前、知っているはずですが……」

「鴨《かも》川はもっと向こうですよ、ね。だからこれは鴨川ではない」

「これは高瀬川」

「ええっ、タカセガワ！」

驚きを確かめるかのように、いま渡ったばかりの小橋をもういちど渡りなおしていた。

李国棟《グオドン》さんは夏目漱石《なつめそうせき》と魯迅《ルーシン》の研究家で、漱石周辺の作家としての森鷗外《もりおうがい》のことも、小説『高瀬舟』も知っていた。

小説を読んで知っていた川が、なんの変哲もない、ひっそりした姿で突然現われたのに驚いたらしい。

中国人の常識にとって、高瀬川を「川、あるいは河」と見るには抵抗があるだろう。日本人だって、「高瀬川なんて、ただチョロチョロと流れているだけの、川というよりは溝《みぞ》だよ」という意見はあるだろう。

幅は二メートルそこその高瀬川だが、川じゃない、溝だという意見はちょっと厳しすぎる。

正確なところを言うと、高瀬川は「掘割《ほりわり》」または「運河」である。

近江《おうみ》の出身で対馬《つしま》藩主に仕《つか》え、朝鮮語と中国語に達者だった儒者の雨森芳洲《あめのもりほうしゅう》が、こういうことを言っている。

「京都の高瀬川は『角倉渠《すみのくらぼり》』、大坂の新《しん》川は『瑞軒渠《ずいけん》』と言うべきである。自然のままの流れを『川』といい、人工で開鑿《かいさく》したのを『渠』というのだから」（『橘窓茶話《きっそうさわ》』）

大阪の新川（安治《あじ》川）は、土木事業家として有名な河村《かわむら》瑞軒が開鑿した運河だから「瑞軒渠」、高瀬川は角倉了以《すみのくらりょうい》が開鑿したのだから「角倉渠」と言うべし、という理屈である。

これはこれで筋が通っているが、欠点もある。「河ではない、渠だ」というのはいいとして、なぜ運河に開鑿者の名前をつけなくてはいけないのか、前提がはっきりしない。

芳洲に言わせれば、「中国ではそうなっております」ということかもしれないが、それならそれでわたしたちは、「中国の運河命名方式はおかしいぞ！」と疑問を提出しなくてはならない。

いつごろから、こうなったのか、マンションに所有者や経営者の名前を堂々と付けて恥じないのとおなじで、上品な印象がない。

巨額の財産をお持ちなことには文句は言わないが、そういうものは、さりげなく、隠しておくのが上品というものではないか。

——運河は財産じゃないでしょう。公共に利する施設なんだから？

いや、それが、である。大阪の新川は別として、京都の高瀬川は個人所有の巨大な財産だった。荷物を満載した船が通るたびに、ガッポガッポと使用料が入ってきたのだ。

瑞軒渠とは言わずに新川と言い、角倉渠ではなく高瀬川と言う。所有者の名をあからさまに言うのを避けた、なかなか上品な命名ではないでしょうか。

なぜ〝高瀬川〟と呼ぶのか

さて、高瀬川は鴨川の西の木屋町《きやまち》通の繁華街に沿って流れている。

では、なぜこの川を高瀬川と言うのか？

じつを言うと、これは公平な質問とは言えない。知っている人なら、なんということもない、むしろ愚問だからだ。吉井《よしい》川・利根《とね》川・富士《ふじ》川・大井《おおい》川・保津《ほづ》川・吉野《よしの》川といった川の近くに古くから住んでいる人なら、「なぜ高瀬川と言うのか、だって？　それはつまり……」と、簡単に答えを出す可能性が高い。

そして、ことによると、こう付け足すかもしれない。

「そういえば、高瀬川っていう名も、おかしな名前だなあ」

「ほんとに、おかしい。だって、この吉野川が高瀬川だということになったら、それこそお笑いだからね」

吉野を流れる川だから吉野川である。それが高瀬川という名前になったら、これはおかしい、メチャクチャである。

運河として造られた高瀬川《たかせ》

京都の高瀬川は、この人たちに言わせれば「お笑い」であり、「メチャクチャ」でもある。

なぜかというと、京都の高瀬川は「高瀬船」が往来するから高瀬川という名になったのだ。

高瀬船のほかの種類の船も往来するなら、高瀬川というのはおかしい、まちがいである。しかし、実際には、京都の高瀬川は高瀬船だけが往来する運河として開鑿されたのである。高瀬川のほかに、ふさわしい名前は思いつかない。

高瀬船あっての高瀬川だ。

では、その高瀬船とは、どういう船であったか。

高瀬とは「高背」で、「背」は「舷《ふなばた》」のことだ。

舳先《へさき》（船首）はグーンと反《そ》りあがっていて、艫《とも》（船尾）と両舷は低く、幅は広くて底が平らな河川用の船、それを高瀬船といった。『拾遺・都名所図会』の挿《さし》絵《え》でご覧になればわかるように、上りのときには引き綱をつけて、人夫が引いていく。

長さは七間（約十三・八メートル）、幅は六尺六寸五分（約二メートル）だから、だいたいの大きさを想像していただけるだろう。

どうも実感がわかないとおっしゃる方は、京都に行き、高瀬川の木屋町通二条下《さが》ルのところに浮かんでいる実物大の模型を見ていただくのがいい。

形式美というものをいっさい排し、運搬の実用性だけに重点をおいた作りである。荷車から車をはずし、かわりに、平らな底と舷をつけたもの、といってもいいだろう。

この高瀬船を往来させ、陸上よりもはるかに効率的に荷物を運搬しようという目的で開鑿された運河、それが高瀬川なのである。「高瀬船のための水のレール」なのだから「高瀬川」という名前になった。

大覚寺《だいかくじ》門前から始まった角倉《すみのくら》家

高瀬川を開鑿したのは角倉了以である。

なぜ角倉了以が高瀬川を開鑿したのか、事情を考える前に、角倉家の歴史を簡単に調べておこう。

角倉家の先祖は近江国愛知《えち》郡の吉田の出身で、もとの姓を吉田といった。

室町時代のなかごろ、了以の四代前の徳春《とくしゅん》という人が京都に出て、足利義満《あしかがよしみつ》と義持《よしもち》の二代の将軍に医者として仕え、嵯峨《さが》に住んだ。

その後も医者をしていたが、了以の祖父の宗忠《むねただ》が商人の腕を発揮して、洛中の帯座《おびざ》の座頭職と代官職とを手に入れた。

洛中帯座というのは、京の町で帯を売る商人が特権を守るために結成した排他的な組織である。帯座商人の活動をすべてにわたって統括するのが座頭職だから、これは凄い権力である。

そして宗忠は代官職をも兼ねていた。帯座に掛かる税金を徴収して納めるのが代官職だから、幕府の権力を執行する面も持っていたわけだ。

ところで、帯座は帯は織らない、売るだけだ。帯を織るのは織元の連合組織の大舎人座《おおとねりざ》である。この大舎人座がいわゆる「西陣織《にしじん》」の元締めの役をしているわけだが、詳しいことは、8章「なぜ〝西陣〟があって〝東陣〟がないのか」を読んでください。

ここで疑問、というのは、「なぜ大舎人座が、洛中で帯の直接販売をやらないのか？」ということだ。

応仁《おうにん》の大乱の後とはいえ、洛中が帯の最大消費地であるのは変わらず、大舎人座が直接販売すれば莫大《ばくだい》な利益になる。それを大舎人座がやらずに帯座にやらせ

高瀬船の実物模型

た裏には、吉田宗忠の代官職がモノを言ったにちがいない。代官職を通じて、莫大なコミッションが幕府高官の懐《ふところ》にはいったにちがいない。そして、洛中での直接販売という大市場を放棄した西陣は、「西陣織」の「京都ブランド」のパワーで全国市場の開拓に精を出す、という展開になったと思われる。

細かいことはともかくとして、吉田宗忠が莫大な利益を懐にしたことは理解していただけるだろう。

それを宗忠は「土倉《どそう》」、つまり高利貸業に投資して、さらにふくらませた。土倉とは、もともとは文字どおりの倉庫業だが、カネを貸して貨物をあずかる質屋営業の部門が発達して、ついには高利貸業専門になった。

宗忠の土倉は、嵯峨《さが》の大覚寺《だいかくじ》の門前に店をおいた。「門前の隅《すみ》――角――の土倉」ということから、「角倉」が屋号になったらしい。

建立《こんりゆう》当時から皇室とは縁の深い大覚寺だが、後嵯峨《ごさが》上皇が出家して二十一世門主の素覚《そかく》となってからは、ますます縁が深くなる。亀山《かめやま》法皇、後宇多《ごうだ》上皇の入寺がつづいて「大覚寺統」と呼ばれる勢力を形成し、南朝勢力の拠点として、北朝の持明院《じみょういん》統と皇位や所領をめぐってはげしく争った。

吉田宗忠の「角倉」が大覚寺門前に店をひらいたのは、それ相当のコミッションと引き換えで大覚寺の庇護《ひご》を手に入れたからだ。

それだけではなく、大覚寺と縁の深い愛宕《あたご》神社にも取り入って、「本所《ほんじょ》」になってもらった。愛宕神社の行事費用や灯明《とうみょう》料を負担するのと引き換えに、幕府から独占営業や免税など、さまざまな特権を認めてもらうのが本所である。

なんのことはない、幕府の財政の一端を委託されたかたちで高利貸をやるのが土倉というものの実体だった。

了以は、その角倉の三代目だ。

京都をよみがえらせた水運の整備

慶長十一年（一六〇六）、了以は大堰《おおい》川の開鑿事業に着手した。洛西の名所第一の嵐山《あらしやま》の下を流れるのが大堰川で、ここから上流の亀岡《かめおか》までを保津《ほづ》川ともいい、下流を桂《かつら》川という。

河川の開鑿とは、船が通りやすいように流れを整備することだ。

「通運は水運にかぎる。河川整備の費用は莫大だが、それによってもたらされる利益はまた莫大だ」

了以がこういう考えを持ったのは、徳川幕府の許可を得て安南国《あんなん》（ヴェトナム）に派遣した「朱印船」の体験からだ。十数回にわたる貿易船「角倉船」の安南派遣は、角倉一族に莫大な利益をもたらした。清水寺《きよみずでら》の本堂に奉納された絵馬に、三百数十人もの人を乗せて往復した角倉船の姿を偲《しの》ぶことができる。

了以は、その体験を大堰川開鑿に活《い》かそうとしたわけだ。

大堰川の流域は丹波《たんば》と丹後《たんご》、そして日本海につながり、豊かな物資にめぐまれていた。

ただし、運搬にネックがある。

山道づたいに、あるいは筏を流して山陰の物資が京都に搬入されていたが、応仁の乱が終わって、いよいよ拡大成長する京都の物資需要には応じきれない。

水運のほかに需要に応《こた》える手段はない。これははっきりしているのだが、世に知られた大堰川の急流である、筏ならともかく、船を浮かべて貨物を運ぶとは

「できるものか、できる道理がない！」

「いかにも、従来の方法では不可能でしょうが……」

了以には目算《もくさん》があった。

ひとつは、流れの整備である。邪魔な岩は爆薬を仕掛けて爆破する。もうひとつは、少し前に美作《みまさか》の和気《わけ》川で見た高瀬船だ。浅い急流でも、底の浅い高瀬船なら安全航行が可能なはずだ。

息子の与一《よいち》を江戸に派遣して幕府の許可を受け、工事にかかった。了以みずから陣頭指揮にあたる。

巨岩は、岸に据えつけた轆轤《ろくろ》から太い縄をつなぎ、エンヤエンヤと引き寄せる。水面に顔を出している巨岩は、その上に櫓《やぐら》を組み、滑車につるしたハンマーをエンヤコーラ方式で叩きつけて砕いてしまう。それでも駄目なら爆破する。流れの狭いところは開き、広すぎるところは石を積んで狭くする。

嵐山の渡月橋《とげつきょう》をわたってすぐ右手の、別名を「千光寺《せんこうじ》」ともいう「大悲閣《だいひかく》」は、大堰川開鑿を記念し、かつ工事の犠牲者を慰霊するものとして了以が建てたものだ。

ここには了以の木像が安置されている。

粗末な作業衣に身をつつみ、巻き縄にすわった了以の片手は、巨岩を砕いた鶴《つる》嘴《はし》をしっかりと握りしめている。

大堰川の水運は新生京都が必要とした資材と消費物資を大量、かつ安全に運び込んだ。角倉の財政に莫大な運賃収入をもたらしたのも言うまでもない。

冬季をのぞく観光シーズン、亀岡から嵐山までの船旅の味を満喫させてくれる「保津川下り」は、了以がひらいた水路をそのまま利用した企画なのだ。

物価を下げた角倉了以の大事業

豊臣秀頼《ひでより》が徳川家康の助言にしたがって方広寺《ほうこうじ》大仏の再建工事に着手したのは、慶長十四年（一六〇九）である。

巨木と巨石が大量に必要になる。

西国地方のものは淀《よど》川をのぼって下鳥羽《しもとば》や横大路《よこおおじ》、北国のものは開鑿されたばかりの大堰川を運ばれて嵯峨《さが》や桂《かつら》、あるいは梅津《うめづ》に陸揚げされるが、それからの地上運搬が容易ではない。

「鴨川を使えばいい！」

了以の計画には不安を持つ人もいたが、大堰川を開鑿した経験が不安をおさえた。邪魔な岩を取り除き、川底を平らにならして高瀬船が通れるようにした。北国からの物資はともかく、西国からの巨木巨石は鴨川の水で運ばれ、東山《ひがしやま》の方広寺再建現場のすぐ近くまで楽々と運ばれた。

巨木巨石だけではない。穀物そのほかの生活物資の搬入が盛んになり、京都の物価が下がって市民を安心させたと、『当代記《とうだいき》』が証言している。大仏ができただけでは市民は感謝しない。胃袋が満足して、はじめて市民は角倉了以の事業に感謝するのである。

大堰川にも鴨川にも高瀬船が航行するようになったわけだが、これを「高瀬川」と呼ぶことはありえなかった。鴨川を高瀬船が通るようになった、それだけのことなのだ。

さて、方広寺の再建工事が終わると、多数の高瀬船が余ってきた。

「高瀬船を走らせる、別の水路がほしいものだな」

高瀬船専用の高瀬川、これはつまりJRが開発した「コンテナー・システム」と同じものなのである。コンテナー（箱）に相当する高瀬船の製造供給が盛んになって、事業家了以の頭を、「ほかにも水路がほしいな」と悩ませる状態になった。

コンテナーのレールがなければ、土地を買収してレールを敷《し》けばいい。高瀬船の水路がなければ、地面を掘って水を張ればいい。そうしてできたのが高瀬川だ。

二条樵木町《こりき》（いまの木屋町）で鴨川の水を引き込み、九条で鴨川に合流する水路を掘った。これが第一期工事である。

途中の用地はすべて自費で買収したばかりではなく、両側の浜地の税金も角倉家の負担とした。大量の自動車を作ったり売ったりするのに、肝腎《かんじん》の自動車道路は国民の税金でつくらせて平然としている自動車メーカーとは、えらい違いだ。

第二期工事で、鴨川との合流点からさらに南に水路を延ばし、宇治《うじ》川に合流させた。これによって、瀬戸内海経由の物資が真っすぐに京都の町の真ん中に届くようになった。

角倉家が保有していた高瀬船は百六十艘《そう》だが、うち一艘は破船したまま新調が許可されず、百五十九艘で営業した。

二条樵木町の「一之船入《いちのふないり》」には角倉家の役所が公認をうけて設置され、このあたりはいつのまにか角倉町と呼ばれるようになった。いまは日本銀行京都支店が建っていて、銀行の東裏に高瀬船の実物大模型と「高瀬川一之船入」の石碑がある。

船賃は一艘一回につき二貫五百文で、うち一貫文は幕府、二百五十文は船の加工賃つまり原価償却にまわし、残りの一貫二百五十文が角倉家の収入となった。たいした収入だが、許可するだけで一貫文を取る幕府としても、こんなうまい商売はない。

高瀬川開通で生まれた町々や寺院

河原町・祇園《ぎおん》とならぶ京都の繁華街として知られるのが木屋町通だが、これはもともとは「樵木町」と言っていた。高瀬船が運んでくる材木の倉庫がならぶようになって「木屋町通」に変わったものだ。

米屋《こめや》町・塩屋《しおや》町・石屋《いしや》町・鍋屋《なべや》町・紙屋《かみや》町など、木屋町通に沿う町は高瀬川の開通によって生まれた町々なのである。

高瀬川開通で生まれた寺もある。三条木屋町の東南にある「瑞泉寺《ずいせんじ》」がそうだ。

話はさかのぼって文禄《ぶんろく》四年（一五九五）七月、豊臣秀吉は甥《おい》で関白の秀次《ひでつぐ》を「反逆、悪逆」の罪名で高野山《こうやさん》に追放し、ただちに切腹させた。秀次の妻妾《さいしょう》、その子供たち二十九人を三条河原に引き出し、高野山から運ばせた秀次の首の前で次々と処刑したのである。

三条河原の処刑場に穴を掘り、死骸を投げ込ませた。秀吉はここに塚を築き、「秀次悪逆塚、文禄四年七月十五日」と刻んだ石塔を建てたという。

秀吉の権威をおそれる人々は、この塚を「畜生塚《ちくしょうづか》」と呼び、おもてむきの追従《ついしょう》のしるしとした。

慶順という行者がささやかな庵《いおり》を建てて秀次一族の菩提《ぼだい》を弔《とむら》ったが、その慶順なきあとの小庵は荒れ果て、洪水に流されて跡形もなくなった。

「それは、ひどい！」

高瀬川開鑿の視察に来た了以は、工事の安全を祈るしるしの寺を建てることにした。それが慈舟山《じしゅうざん》瑞泉寺である。

天明《てんめい》年間に焼けてしまい、いまのは寛政《かんせい》年間の再建だが、秀次一族の墓は昔そのままの姿をとどめ、本堂には嵐山の大悲閣にあるのと同形の、了以の木像が安置されている。

一〇〇字書評

切り取り線

購買動機（新聞、雑誌名を記入するか、あるいは○をつけてください）	
□（　　　　　　　　　　　　）の広告を見て	
□（　　　　　　　　　　　　）の書評を見て	
□ 知人のすすめで	□ タイトルに惹かれて
□ カバーがよかったから	□ 内容が面白そうだから
□ 好きな作家だから	□ 好きな分野の本だから

●最近、最も感銘を受けた作品名をお書きください

●あなたのお好きな作家名をお書きください

●その他、ご要望がありましたらお書きください

住所	〒				
氏名		職業		年齢	
新刊情報等のパソコンメール配信を 希望する・しない	Eメール	※携帯には配信できません			

あなたにお願い

この本の感想を、編集部までお寄せいただけたらありがたく存じます。今後の企画の参考にさせていただきます。Eメールでも結構です。

いただいた「一〇〇字書評」は、新聞・雑誌等に紹介させていただくことがあります。その場合はお礼として特製図書カードを差し上げます。

前ページの原稿用紙に書評をお書きの上、切り取り、左記までお送り下さい。宛先の住所は不要です。

なお、ご記入いただいたお名前、ご住所等は、書評紹介の事前了解、謝礼のお届けのためだけに利用し、そのほかの目的のために利用することはありません。

〒一〇一-八七〇一
祥伝社黄金文庫編集長　萩原貞臣
☎〇三（三二六五）二〇八四
ohgon@shodensha.co.jp

祥伝社ホームページの「ブックレビュー」からも、書けるようになりました。
http://www.shodensha.co.jp/bookreview/

祥伝社黄金文庫

京都《きようと》の謎《なぞ》〈戦国編《せんごくへん》〉

令和元年10月20日　初版第1刷発行

著　者　高野《たかの》　澄《きよし》
発行者　辻　浩明
発行所　祥伝社《しようでんしや》
〒101－8701
東京都千代田区神田神保町3－3
電話　03（3265）2084（編集部）
電話　03（3265）2081（販売部）
電話　03（3265）3622（業務部）
http://www.shodensha.co.jp/

印刷所　萩原印刷
製本所　ナショナル製本

　ISBN978-4-396-31766-9 C0121